KB265383

사랑 싸움의 정석

사랑 싸움의 정석

최형규·유리파 지음

시간
여행

사랑싸움의 정석

전혀 싸우지 않고 지내는 연인은
영화에서나 볼 수 있는 환상이다.
어차피 싸움을 피할 수 없다면
잘 싸우는 것이 중요하다.

두려움 없이 마음껏 사랑하세요

오늘은 그 사람과 만나는 날. 한껏 멋을 부리고 집을 나섰다. 만나면 그와 함께 무엇을 할까? 약속장소가 가까워질수록 걸음은 빨라지고 가슴이 콩닥거렸다. 멀리 그의 모습이 보인다. 나도 모르게 가득 웃음을 짓고 손을 흔들었다.

그러나 집에 돌아가는 길, 기분은 처참하다. 설렘은 온데간데없고 외로움만 남았다. 생각지도 못하게 그와 싸웠다. 무엇이 잘못된 걸까? 별일도 아니었는데……. 마치 누가 조종이라도 한 것 같다. 가슴이 아프다. 무섭다. 그와는 이대로 끝나는 걸까? 내일이라도 세상이 끝날 것 같다.

우린 정말 행복했는데. 언제까지나 함께할 거라 믿었는데. 싸움은 갑자기 시작되어 상처만 남긴 채 끝났다. 왜 내게 이런 일이 생긴 걸까……?

사랑싸움은 갑자기 찾아와서 우리를 미치게 하고 일상을 폐허로 만든다. 그리고 그 고충을 토로하면 주위 사람들은 이렇게 말한다.

"사랑하는 사이니까 참아. 져줄 줄도 알아야지."

과연 그럴까? 사랑한다면 모든 것을 다 주고, 나의 감정과는 상관없이 무조건 잘못했다고 말해야 할까? 자존심마저 바닥에 툭 던지고 마음속 많은 이야기를 꾹꾹 삼켜야 할까?

물론 그렇지 않다. 우리는 참기만 하는 것이 어떤 결과를 불러올지 이미 알고 있다. 사랑한다면 무조건 참아야 한다는 생각은 반드시 해결해야 하는 중요한 이슈들을 지나쳐버리게 만든다. 문제는 쌓이고, 불만은 누적되고, 마지막에는 더 큰 상처로 돌아온다.

나는 오히려 반대로 말하고 싶다.

"사랑한다면 싸움에서 이겨라."

사랑하는 사람과 관계를 유지하고 발전시키기 위해서는 이기는 싸움을 할 필요가 있다. 힘으로 윽박지르거나 무조건 자기 마음대로 하라는 뜻이 아니다. 상대를 상처주지 않고 내가 원하는 것을 얻으라는 말이다. 이는 나만을 위한 것이 아니라 상대방과 같이 누릴 수 있는 싸움의 결과가 되어야 한다. 내가 본질적으로 원하는 것은 바로 사랑하는 사람과 함

께 행복해지는 것이기 때문이다. 승자는 있지만 패자는 없어야 하는 싸움이 바로 사랑싸움이다.

사람들은 싸우고 나면 관계가 깨지거나 더 불행해질 거라고 믿는다. 그래서인지 싸우고 상처받는 것이 두려워 소극적인 연애를 하거나, 아예 연애를 하지 않으려는 이들이 늘고 있다.

하지만 전혀 싸우지 않고 행복하게만 지내는 연인은 영화에서나 볼 수 있는 환상이다. 신념, 가치관, 환경, 생활방식이 다른 둘이 만나서 공동의 목표를 세우고 함께 살아가려면 조율할 일들이 많다. 서로 다른 점에 끌려 사랑에 빠지지만 그 다른 점 때문에 싸운다. 어차피 싸움을 피할 수 없다면 잘 싸우는 것이 중요하다. 충분히 대화하고 논의하면서, 혼자만의 행복이 아니라 같이 나누는 행복을 만들어가야 한다.

그동안 크고 작은 싸움으로 고민하는 수많은 연인들을 상담했다. 그중 많은 연인이 함께 노력하여 문제를 해결하였다. 어떤 사연은 안타깝게 끝나버렸고, 어떤 사연은 조언하는 내가 감탄할 정도로 현명하게 해결되었다. 또, 어떤 사연은 지금도 해결하기 위한 노력을 계속하고 있다. 그 사연들을 바탕으로 '잘 싸우고 잘 이기는 방법'을 알려주기 위해 이 책을 썼다. 지금 이 순간에도 사랑싸움 때문에 슬퍼하는 사람들, 나를 찾아오거나 다른 누군가에게 도움을 요청하는 사람들에게 《사랑싸움의 정석》이 힘이 되었으면 한다.

당신 역시 이 책을 선택한 이유가 있을 것이다. 지금 일어난 싸움을 해결하고 싶어서, 더는 예전처럼 가슴 아프게 싸우기 싫어서, 혹은 앞으로 일어날지도 모를 무의미한 싸움을 예방하고 싶어서. 그런 바람이 있다면 그것으로 충분하다. 당신은 이미 사랑싸움을 행복하게 풀어내는 법에 대해 이야기 나눌 준비가 되어 있다.

최형규, 유리파

C|O|N|T|E|N|T|S

First Love Therapy

사랑하는 우리,
대체 왜 싸우는 걸까

사랑이 깊을수록 원하는 것이 많아지고
그만큼 싸울 일도 많아진다.

To fear love is to fear life.

사랑을 두려워하는 것은 삶을 두려워하는 것과 같다.

- 버트런드 러셀

그리스 신화는 멋진 영웅들과 가슴 두근거리는 미녀들로 가득 차 있다. 하지만 누가 뭐래도 주인공은 신들이다. 제우스, 헤라, 아테나, 아프로디테처럼 날씨를 조절하고, 지혜를 나눠주고, 미를 뽐내는 신들 말이다. 그러나 이제 그들은 책이나 영화 속에만 남아있을 뿐, 하늘을 아무리 쳐다봐도 실제로 볼 수는 없다.

그런데 그리스 신들 중에 지금 당신 곁에 확실히 존재하는 신이 하나 있다. 이 여신은 다른 신들과 사람들을 골려주기 좋아한다. 그녀의 손에 휘둘린 이들은 여지없이 지독한 고생을 한다. 위대한 신들조차 예외일 수는 없었다.

눈치 빠른 사람이라면 이미 누구 이야기인지 알 것이다. 불화의 여신 에리스. 바로 세 여신들 사이로 황금사과를 던져 그 유명한 트로이 전쟁을 일으킨 장본인이다.

에리스는 늘 우리 곁에 있다. 집에서, 학교에서, 직장에서. 가족, 친구, 동료, 심지어 사랑하는 사람과도 우리는 아침저녁으로 불화를 겪는다. 주위를 한번 잘 둘러보자. 긴 드레스를 치렁치렁 늘어뜨리고 당신의 주위를 어슬렁거리며 짓궂게 웃고 있는 여성이 보이는가? 적어도 그녀가 두고 간 황금사과는 본 일이 있을 것이다. 번쩍번쩍 빛이 나서 손에서 놓기 아까운 황금사과, 하지만 집어든 순간 싸움에 휘말리고 마는 불화의 상징 말이다.

얼마 전 상담을 했던 은혜 씨의 이야기가 그렇다.

은혜 씨의 남자친구는 딱 그녀의 이상형이었다. 대기업에 다니고 매너도 좋은 연하남. 회사 이야기만 나오면 툴툴대며 불평불만을 늘어놓는다는 단점은 있었지만 은혜 씨는 모두 감싸 안으려고 노력했다. 그녀는 도시락을 싸서 그의 회사에 찾아가기도 하고, 그의 자취방에서 청소나 빨래를 도와주는 등 지극정성으로 그를 대했다. 그만큼 남자친구도 은혜 씨에게 잘해서, 어느새 주위에서는 둘의 결혼을 기정사실화하고 있었다.

그러나 문제는 사소한 곳에서 벌어졌다. 어느 날 남친의 자취방에서

누렇게 변색된 속옷을 보게 된 것. 기분이 불쾌해진 은혜 씨는 잔소리를 했고 남자친구는 자존심이 상했다. 결국 큰 싸움이 벌어졌다. 일단 속옷을 새로 사는 것으로 싸움은 마무리가 됐지만, 은혜 씨는 왠지 결혼은 물론이고 관계에까지 회의가 든다. 그를 향한 감정이 사랑인지조차 의심스럽다.

결혼까지 하려던 커플이 속옷 한 장 때문에 갈라설 위기에 선다고? 얼토당토않지만 이것이 바로 에리스의 힘이다. 한바탕 싸움이 끝나고 나서야 우리는 에리스가 다녀갔다는 것과, 먹지도 못하고 장식할 수도 없을 정도로 온전치 않은 황금사과만이 남았다는 사실을 알게 된다.

조언을 구하러 온 은혜 씨는 자신의 감정이 사랑인지 아닌지를 간곡하게 물었다. 나는 답을 알려주는 대신 질문을 던져보았다.

"지금 남자친구에게 원하는 것이 무엇인가요?"

그녀의 얼굴에 당황한 빛이 역력했다.

"그것이 싸운 것과 어떤 관련이 있나요?"

사람들은 오로지 지금 자신이 궁금한 것에 대한 답만 원한다. 하지만 그 답이 문제해결의 열쇠는 아니다. 싸우고 나서 답답하고 궁금한 마음은 이해하지만, 마음이 급하면 놓치는 것이 많아진다.

이는 사랑싸움에 익숙하지 않은 조언자들도 마찬가지다. 은혜 씨가 자신의 사연을 인터넷에 공개하자, 많은 사람이 은혜 씨의 마음이 사랑이냐 아니냐를 놓고 갑론을박을 벌였다. 은혜 씨의 마음이 사랑이라고 생각하는 사람들은 그녀의 평소 행동에 주목했다. 은혜 씨가 그동안 쏟은 정성, 도시락을 만들고, 귀찮고 힘든 청소와 빨래를 해주고, 남자친구가 툴툴대는 것까지 감싸 안고 들어주는 것은 사랑 없이는 할 수 없다는 것이다. 속옷을 지적한 것도 그를 위한 충고라고 말한다. 누렇게 변한 연인의 속옷을 보고 누가 좋아할까? 그래서 일부는 싸움의 원인을 제공한 남자친구가 잘못이며, 은혜 씨의 마음을 되돌릴 책임도 남자친구에게 있다고 주장했다.

반면 사랑이 아니라는 사람들은 은혜 씨가 남자친구에게 실망했다는 사실에 집중했다. 정말 사랑한다면 과연 속옷 한 장 때문에 마음이 확 돌아설까? 남자친구가 은혜 씨의 이상형이라 사랑한다고 착각했을 뿐 그에게 정성을 들인 것은 자기만족이라는 것이다. 사소한 사건으로 은혜 씨 자신도 몰랐던 진짜 감정을 깨달았거나, 혹은 과거에 사랑했더라도 이제는 사랑하지 않는 것이라고 이들은 주장했다. 그렇다면 파탄의 책임은 은혜 씨에게 있다.

들어보면 모두 그럴듯한 이야기들이다. 은혜 씨 머릿속에서도 비슷한 고민이 한참 오갔을 것이다. 고민 끝에 나에게 조언을 구했을 때, 그녀는 자신이 그를 사랑하는 것이 맞는지 확답을 듣고 싶어 했다. 은혜 씨에겐 그것이 가장 중요해 보였고, 내가 내놓는 답에 따라서 남자친구와의 관계를 결정하려는 것이 분명했다.

그런데 과연 그것으로 은혜 씨의 문제가 해결될까? 사랑인지 아닌지 판단을 내려봤자 아무 의미도 없다. 답은 당연히 '해결되지 않는다'이다.

사람들은 해결하기 어려운 문제가 생기면 이분법적으로 사고하고 행동하려는 경향을 보인다. 사랑한다면 별 문제가 없을 것이고, 문제가 있다는 것은 사랑하지 않기 때문이니 헤어지는 것밖에 방법이 없다고 말이다. 그래서 사랑이냐 아니냐에 집착하면서 극단적인 방향으로 치닫는다. 하지만 연인 간의 관계에서 이런 질문은 적절하지도 않고 의미도 없다. 실제 불화가 일어나는 이유는 사랑의 유무 때문이 아니기 때문이다.

불화의 여신 에리스는 여신 테티스의 결혼식에 초대받지 못한 것에 앙심을 품고, "가장 아름다운 여신에게 이 사과를 바칩니다"라는 문구를 새긴 황금사과를 신들이 모여 있는 결혼식장에 던졌다. 여신 헤라, 아테나, 아프로디테가 이 황금사과를 두고 싸움을 시작해, 결국 트로이 전쟁이라는 대사건까지 벌어진다. 고작 사과 하나로 어떻게 이런 일이 일어난 걸까?

답은 간단하다. 세 여신 모두 '가장 아름다운 여신'으로 인정받길 원했기 때문이다. 불화의 황금사과 위에는 언제나 우리가 간절하게 원하는 것이 적혀있다. 세상에 원하는 것이 하나도 없는 사람은 없다. 그리고 서로가 원하는 것이 충돌하는 순간 싸움이 벌어질 수밖에 없다. 올림포스의 안주인 헤라, 지혜로운 아테나, 미의 여신 아프로디테 세 여신조차 이기지 못한 감정인데 우리라고 별수 있겠는가.

사랑하는 사이라고 예외는 아니다. 오히려 사랑이 깊으면 깊을수록 상대에게 원하는 것이 많아지고, 그만큼 싸울 일도 많아진다. 그래서 사랑싸움이란 사랑을 하는 사람이라면 누구나 힘겹게 겪어야만 하는, 인류가 존재하면서부터 계속되어 온 문제인 것이다.

그런데 욕구가 있다고 매번 불화가 일어나는 것은 아니다. 황금사과는 잘만 다루면 서로에게 이로운 결과를 가져올 수도 있다. 여신들이 사과를 서로 양보했다면, 혹은 사과를 한 여신에게 주는 대신 다른 선물을 받기로 했다면 에리스는 당황하면서 그 자리를 박차고 떠나버렸을 것이다.

그래서 사랑싸움을 겪고 난 뒤에 항상 생각해봐야 하는 것은 '나는 남자친구, 혹은 여자친구에게 무엇을 원하는가?'이다. 이 질문은 매우 중요하다. 은혜 씨는 이미 불화를 부르는 황금사과를 가지고 있다. 하지만 그 사과 위에 무엇이 적혀있는지, 다시 말해 내가 원하는 것이 무엇인지 알면 문제를 해결할 수 있을 것이다.

은혜 씨가 남자친구에게 원하는 것은 무엇일까. 청결하게 몸차림을 관리하는 것? 화내지 않고 지적을 받아들이는 것? 환상 속 이상형에 가까운 모습만 보여주는 것?

반대로 남자친구가 은혜 씨에게 바라는 것은 무엇일까. 자신의 감정과 자존심을 이해해주는 것? 자신의 어떤 모습이든 무조건 받아들여주는 것? 잔소리를 하지 않는 것?

답은 두 사람만이 알고 있다. 하지만 각자가 원하는 것이 명료해지면 싸움의 양상은 많이 달라질 것이다.

상대가 원하는 것을 알고 또 이해한다면, 우리는 자신이 원하는 것만 얻으려고 하지 않고 상대방이 원하는 것도 채워주려고 할 것이다. 사랑싸움은 사랑하는 사람과 하는 것이지 나쁜 놈과 하는 것이 아니기 때문이다. 두 사람 다 원하는 것을 얻는다면 싸움 뒤 관계는 더욱 두터워질 것이다.

때로는 내가 무엇을 원하는지 알기 어려울 수도 있다. 사랑은 여러 가지 속성이 있고 변덕스럽다. 같은 사람이라도 누구와 사귀느냐에 따라 전혀 다른 모습을 보이기도 한다. 이것은 그 사람이 변해버린 것이 아니라 추구하는 가치, 즉 사랑에서 원하는 것이 달라졌기 때문이다.

하지만 아무리 겉모습이 달라도, 사랑하는 연인들이 서로에게 원하는 것은 대부분 단순하다. 바로 함께 행복해지는 것. 그래서 연인들이 사랑에서 원하는 것은 긍정심리학에서 다루는 행복의 3요소와도 관련이 깊다. 이제부터 그것을 살펴보도록 하자.

너에게
빠지고픈 시간

'사랑'하면 흔히 사람들이 떠올리는 모습이 있다. 떨어져 있어도 자꾸만 떠오르는 사람, 식사를 하고 이야기만 나누는데도 시간 가는 줄 모르는 만남, 눈만 마주쳐도 미소를 짓는 커플. 이것이 우리가 생각하는 전형적인, 어쩌면 이상적인 사랑의 모습이다. 경험해본 사람이라면 그 푹 빠져드는 느낌을 알고 있을 것이다.

그 느낌이 바로 몰입이다. 사랑에서 몰입을 추구하는 사람들은 몰입 그 자체로 행복을 느낀다.

몰입하는 사랑은 맛으로 비유하자면 반복해서 끌리는 달콤한 맛이다. 단맛은 우리를 끌어당기고 사로잡히게 한다. 나도 단것을 정말 좋아한다. 먹고 싶은 대로 다 먹을 수 있으면 좋으련만, 다들 그렇듯 단것을 마음껏 먹어도 되는 날은 자주 오지 않는다. 하지만 내 혀와 머릿속에 남아있는 단맛은 내가 글을 쓰거나 강의를 나가거나 코칭을 할 때 지치지 않도록 무한동력을 제공하는 연료이다. 보드라운 스펀지 케이크를 살살 잘라내었을 때 조금씩 삐져나오는 하얀 생크림. 그 하얗고 몽실거리는 덩어리를 검지로 조금 떼어내어 입에 쏙 집어넣었을 때 혀끝부터 서서히 퍼지는 달콤한 향과 맛. 지치고 힘들 때 그 느낌은 현실에서도 상상 속에서도 내게 굉장한 힘을 준다.

연애도 똑같다. 내 몸은 하나고 할 일은 많다. 연애만 하고 있을 수 없다. 상대방도 매일 나만 만날 수는 없다. 하지만 매일 빠져들 수는 있다. 전화로, 문자로, 카톡으로, 사진으로, 채팅으로. 달콤한 맛에 빠져들 때처럼 연애에 몰입하고 있을 때 나는 행복했다. 그 행복은 다음날, 그 다음날까지 남아 삶을 더욱 생기 있게 했다.

세경 씨의 사연은 몰입을 추구하는 사랑이 어떤 것인지를 잘 보여준다.

세경 씨는 집안의 성화에 못 이겨 억지로 맞선 자리에 나갔다. 상대방도 세경 씨에게 그다지 관심이 없어 보였다. 하지만 우연히 일본드라마가 화제에 오르자 분위기는 180도 바뀌었다. 둘은 모두 열렬한 일본드라마 마니아였다.

다시 만날 약속을 잡으면서 남자는 그녀와 친구로만 지내고 싶다고 못을 박았다. 기분이 나쁠 수도 있는 제안이었지만 세경 씨는 선뜻 응했다. 둘은 단순히 생물학적 성별이 다른 친구로서 만나기 시작했다.

딱 맞는 취미, 비슷한 가정환경은 둘의 사이를 점점 가깝게 해주었고 자연스레 만남도 잦아졌다. 만난 김에 카페에서 수다를 떨고, 영화를 보고, 노래를 부르다 보니 둘이 함께할 것이 생각보다 많다는 것도 알게 되었다. 어떤 날은 같이 걷기만 해도 몇 시간이 금방 지나갔다. 담백하면서도 즐거운 만남이었다.

그러는 사이 세경 씨의 부모님이 다시 맞선을 강요해왔다. 마음이 복잡해진 세경 씨는 그에게 문자를 보냈다. 하지만 하루가 지나고, 이틀이 지나도 답장은 오지 않았다. 전화기마저 꺼져 있었다.

결국 그녀는 울고 말았다.

무엇이 그렇게 서글펐던 걸까. 그와 사귀는 사이도 아니고, 그가 연락을 해주어야 할 의무도 없는데. 눈물을 그치고 핸드폰을 보았더니, 맙소사! 보낸 문자 메시지 수를 셀 수가 없었다. 부끄러워진 세경 씨는 우울한 기분으로 출근했다.

그런데 다음날 점심때쯤 전화가 왔다. 그였다. 핸드폰이 고장 나서 연락을 못 받았고, 새 핸드폰을 개통하자마자 제일 먼저 그녀에게 전화를 걸었다고. 갑자기 얼굴이 달아올랐다. 그것도 모르고 혼자 그렇게 고민한 것이다. 덕택에 자신의 감정을 알게 된 그녀는 회사에 막무가내로 반차를 내고 그의 회사로 가서 꽃다발을 안겨주었다. 너 같은 남자 놓치기 싫으니까 사귀자고.

물론 그의 대답은, 말하지 않아도 알겠지?

지금 그녀는 남자친구와 만나는 시간이 너무 좋아서 회사 다니는 시간도 아깝다는 행복한 고민을 하고 있다.

몰입하는 사랑에는 누구나 꿈꿔보는 멋진 면이 많다. 드라마나 로맨스 소설에서 다루는 것은 대부분 몰입하는 사랑이다. 그 매력은 이미 애인이 있거나 결혼한 사람들마저 새삼 다시 빠져들 정도다.

요즘같이 바쁜 현실에서는 연애에 몰입할 시간을 좀처럼 내지 못하는 사람들이 많다. 그만큼 사랑에서 몰입이 꼭 큰 비중을 차지할 필요는 없다고 여기는 사람들도 늘고 있다. 실제로 그 시간에 일을 하거나, 공부를 하면 얻는 것은 더 많을 것이다. 그렇게 생각하면 연애하는 시간이 아까울 수도 있다. 몰입하는 시간이 매 순간 즐거우리란 법도 없다. 서로 다른 점 때문에 부딪치기도 할 것이고, 상대의 마음을 몰라 속앓이만 하며 허비하는 시간도 있을 것이다. 하지만 그럼에도 그 시간을 상대방에 할애하면서 만남에 집중하는 것이 몰입하는 사랑이다.

기본적으로 사랑이 오래 지속되기 위해서는 몰입이 중요하다. 세경 씨의 사례에서 알 수 있듯이 몰입의 대상은 상대방은 물론, 함께하는 모든 것이 될 수 있다. 취미, 화젯거리, 함께 먹는 식사, 어떤 특정 공간의 분위기, 추억까지. 함께 몰입할 수 있는 것이 많을수록 상대방에 대한 몰입도 깊어지고, 또 상대방에게 몰입할수록 상대방과 함께 하는 모든 일이 즐겁고 행복해진다. 이런 몰입의 선순환은 서로의 사랑에 계속 연료를 주입한다.

반대로 몰입이 없는 사랑은 동력을 잃거나 난관에 약해지기 쉽다.

두 사람이 공유하는 행복과 즐거움이 부족하기 때문이다. 예원 씨 커플도 그런 문제를 겪고 있다.

예원 씨는 남자친구와 있으면 시간이 느리게 흘러간다고 하소연한다. 남자친구가 데이트를 할 때마다 축구 이야기, 걸그룹 이야기를 꺼내기 때문이다.

잠을 못 자 피곤한 얼굴로 데이트 장소에 나타난 날이면 그는 영락없이 밤새 본 해외 축구 이야기를 늘어놓는다. 구분도 안 가는 독일 축구, 이탈리아 축구, 스페인 축구 이야기가 끝도 없이 계속된다. 그나마 하루 이틀이면 괜찮은데 일주일도 안 돼서 비슷한 이야기가 반복된다. 덕택에 얼굴도 모르는 외국 축구 선수 이적료까지 외울 지경이다.

걸그룹 이야기는 더 가관이다. 그녀는 걸그룹은커녕 대중가수에게 관심이 하나도 없다. 하지만 남자친구는 굳이 걸그룹 뮤직비디오를 보여주면서 어떠냐고 물어온다. 그녀는 넓은 아량으로 여자가 봐도 예쁘다든가 목소리가 좋다든가 하며 평가해주지만 솔직히 '눈새(눈치 없는XX)'라고 한마디 해주고 싶다.

그런 이야기만 하지 않으면 그녀도 데이트가 즐겁다. 하지만 4번 중 3번은 그런 이야기들로 데이트가 채워진다. 참다못해 요즘은 남자친구에게 짜증을 내기도 한다. 하지만 그러고 나면 남자친구는 아예 말

수가 적어진다. 남자친구 기를 죽이는 것은 아닌지 걱정이 된다.

오늘은 화내지 말아야지 하고 다짐해도 소용이 없다. 데이트 때마다 듣기 싫은 화제에 억지로 맞장구치다가 사소한 말꼬투리로 싸우는 일이 반복된다.

예원 씨는 남자친구의 이야기를 들어주려고 노력하고 있다. 남자친구에게 화내고 싶지도 않다. 남자친구를 사랑하기 때문이다. 하지만 결국 짜증을 내고 만다. 관계에 몰입이 없고, 몰입에서 오는 기쁨 대신 지루함만 있기 때문이다.

예원 씨의 남자친구는 본인 이야기에 잔뜩 몰입해 있다. 문제는 엉뚱한 대상에 몰입하고 있다는 것이다. 몰입은 혼자서 하는 것이 아니다. 눈앞에 있는 연인이 아니라 내가 좋아하는 것에만 몰입하는 순간 상대방은 지루함과 소외감을 느끼고 불화가 찾아온다. 두 사람이 함께 몰입할 수 있는 활동에 집중하고, 상대방 자체에 몰입해야만 비로소 몰입하는 사랑이 완성된다. 예원 씨의 싸움은 그 방법을 찾기 위해 반드시 거쳐야 하는 단계다.

한 가지 주의해야할 점은 몰입은 언제까지나 지속되지 않는다는 것이다. 열광적으로 좋아하던 가수라도 비슷비슷한 음반들을 듣다 보면 어느새 시들해지듯이, 사랑하는 사람에 대한 몰입도 순식간에 사라져버릴 수 있다. 이것을 인정하고, 세경 씨 커플이 그랬듯이 서로의 다양한 점에 몰입해나가야 한다. 몰입할 것이 많은 커플은 쉽게 헤어지지 않는다. 헤어져도 어느 사이엔가 서로를 다시 찾게 된다. 마치 자꾸만 생각나는 달콤한 아이스크림처럼.

사랑의 색깔은
여러 가지

몰입도 중요하지만, 몰입만이 사랑의 전부는 아니다. 어떤 커플은 보다 원초적인 것을 서로에게 바라기도 한다. 조금은 낯 뜨겁지만 설렘과 두근거림이 함께하는 은밀한 즐거움. 우리는 그것을 쾌락이라고 부른다.

쾌락에는 정신적인 즐거움도 포함되지만 대체로 육체적인 욕망, 다시 말해 성(性)이 중심이다. 가끔은 아예 쾌락 추구만으로 이루어진 관계도 존재한다. 클럽에서 만나 즐거움을 나누는 데 열중하는 남녀가 이런 경우다. 다만 이런 사랑은 쾌락이 사라지면 금방 식어버리고 만다. 몰입이나 나눔 같은 다른 요소를 같이 가지고 있어야 장기적이고 안정된 관계로 넘어갈 수 있다.

쾌락을 맛으로 비유하자면 눈이 번쩍 뜨이는 매운 맛과 같다. 매운 맛은 그 강렬함으로 우리를 사로잡고, 자극적인 맛에 집중하게 한다. 사람들은 스트레스가 쌓이거나 기분전환이 필요할 때 매운 것을 찾는다. 그 순간만큼은 모든 걱정과 시름을 잊을 수 있다. 가끔은 그 대가로 위장에 혹독한 고통이 따르기도 한다. 즐기는 사람도 있고, 꺼리고 피하는 사람도 있다는 것이 매운 음식과 쾌락의 공통점이다.

가연 씨는 결혼을 약속한 남자친구와 같은 문제로 계속 다투고 있다. 그녀는 종교적 신념이 뚜렷한 집안에서 자라나 남녀관계에 엄격하다. 결혼 전에 남자친구와 밤을 함께 보내는 것은 죄를 짓는 것이라 생각했고, 스킨십이나 통금 같은 것도 꼭 선을 지켜야 한다고 믿었다.

처음에는 남자친구도 그녀의 생각을 존중하고 기다려주었다. 하지만 결혼이 확정되자 태도가 달라졌다. 남자친구는 사랑의 증거로 깊은 관계를 요구했고, 그녀는 거부했다. 몇 달만 참으라고 달래도 보고 화도 내보았지만 결국 싸움이 시작됐다.

남자친구는 결혼 전에 서로 사랑을 확인하는 것이 일반적이며, 자신이 결혼을 빙자해서 여자를 후리는 사기꾼도 아니고 왜 거절하는지 이해가 안 된다고 했다. 그러면서 그녀가 시대에 뒤떨어지는 사고방식을 가졌다며 언성을 높였다.

반면 그녀는 몇 달 후나 지금이나 별 상관이 없을 텐데 왜 굳이 결혼 전에 고집을 피우는지 이해하지 못했다. 육체적 관계라는 수단으로 사랑을 확인하려는 남자친구의 행동이 어리고 모순적이라고 비판했다.

결혼을 앞둔 이 젊은 예비부부는 시간이 지날수록 오히려 사이가 냉랭해지고 있다.

가연 씨와 남자친구는 쾌락에 대한 주관이 확고한 상태다. 서로 원하는 것이 다르기 때문에 싸움이 벌어졌고, 지금은 자신의 주관을 바탕으로 서로를 비난하고 있다.

우리나라에서 성에 대한 인식은 다소 양면적이다. 최근에는 공중파에서도 성을 주제로 한 내용이 자연스럽게 다루어질 만큼 개방적인 문화가 퍼져가고 있지만, 실제 사람들이 일상에서 성을 대하는 태도는 다분히 억압적이다. 개방과 보수, 그 중 어떤 성향을 띠느냐는 개인의 신념과 가치관에 따라 다르다.

그래도 연인들이라면 가치관이 비슷하지 않을까 싶겠지만, 의외로 많은 연인들이 쾌락 문제로 다툰다. 특히 혼전 성행위에 대한 의견만큼은 찬반이 확연하게 나누어진다. 가연 씨와 남자친구도 그런 경우다.

일단 두 사람의 사랑싸움 결과를 상식적으로 예측해보자. 가연 씨가 이긴다면 그녀의 뜻대로 두 사람은 결혼 전까지는 사랑을 나누지 않을 것이다. 가연 씨는 결혼 후에는 문제없이 부부생활을 할 것이고, 그러면 남자친구도 불만이 사라져 다시 사이가 좋아질 것이라고 믿고 있다. 그러나 안타깝게도 이것은 근거 없는 낙관이다. 그녀는 쾌락도 사랑을 구성하는 한 요소라는 사실을 인정하지 않고 있다. 결혼을 한다 해도 이런 인식이 변하는 데는 시간이 걸린다. 결혼만 하면 문제가 사라질 거란 생각은 희망사항일 뿐이다.

남자친구가 이긴다면, 그는 원하던 것을 이루었기 때문에 만족할 것이다. 하지만 가연 씨는 강요 때문에 자신의 가치관과 반대되는 행동을 한 것에 대해 남자친구에게도 스스로에게도 실망할 것이다. 결혼하고 나서도 계속 그 무력감을 가지고 부부생활을 할 테고, 그 감정이 사라지기까지는 오랜 시간이 걸릴 것이다.

육체적인 관계는 두 사람이 함께 동의해야 정상적이고 행복하게 이루어질 수 있다. 그리고 서로 동떨어진 가치관을 지닌 두 사람이 같은 결론에 동의하기 위해서는 서로의 생각을 인정하고 이해하는 것이 반드시 필요하다.

가연 씨가 사랑하는 관계에 있어서 쾌락의 가치와 필요성을 인정한다면 문제는 훨씬 부드러워진다. 남자친구 역시 사랑을 확인하는 방법은 사람마다 다름을 깨닫는다면 대화의 폭이 더 넓어질 것이다. 가연 씨가 남자친구를 이해하고, 남자친구 역시 가연 씨를 이해한다

는 믿음이 있다면 누가 누구를 설득하든 타협점으로 향하는 길은 원
만할 것이다. 서로가 같은 뜻을 공유한다면 어떤 결론이 나더라도
둘 다 승자가 되기 때문이다.

네가 원하는 건
다 해주고 싶어

사랑은 가끔 나 자신의 행복이나 쾌락보다 훨씬 깊고 심오한 목적
을 향해 달려가기도 한다. 나누고 헌신하는 사랑이 그것이다. 나눔은
나보다 상대방을 먼저 생각하는 마음이다. 쾌락이나 몰입을 위한 사
랑이 자신이 느끼는 행복을 중심으로 한다면, 나누는 사랑은 상대방
의 행복에서 의미와 가치를 찾는다. 상대방에게 헌신하는 것에 기쁨
을 느끼고, 설령 그 헌신을 당장 돌려받지 못하더라도 지치지 않고
사랑을 이어간다.

간혹 TV나 잡지에 소개되는 미담을 보면 불치병에 걸린 연인을 평
생 돌보며 사는 사람이 있다. 힘들고 어려운 일이지만, 이들은 망설
임 없이 그 길을 선택하고 기쁘게 헌신한다. 이들의 동력이 바로 나

누는 사랑이다.

그렇다고 특별하고 성자 같은 사람들만 나누는 사랑을 할 수 있는 것은 아니다. 아주 평범한 보통의 연인들도 매일매일 나눔의 사랑을 주고받고 있다. 기념일에 줄 선물을 고르며 기분이 뿌듯해지는 것은 상대의 행복을 바라기 때문이다. 상대의 부족한 점을 따지지 않고 조건 없이 받아들이는 포용력도 나누는 사랑에서 나온다. 사랑싸움이 두 사람 모두의 승리로 끝날 수 있는 것도, 상대가 원하는 것을 채워주고 싶은 나눔의 마음이 있기 때문이다.

나눔은 상대를 위한 것이지만 나를 위한 것이기도 하다. 사랑하는 사람과는 나눌수록 기쁘고, 상대가 행복할수록 나도 행복해진다.

이런 사랑은 감칠맛에 비유할 만하다. 감칠맛은 단맛이나 매운맛처럼 강렬하게 사람을 끌어당기지도 않고, 가끔은 다른 맛에 가려져 잘 의식하기 어렵다. 하지만 그 맛은 은근하게 입에 감돌며 결코 질리지 않고, 시간이 지날수록 그 깊이와 진가를 느끼게 해준다.

주의해야 할 것은 나누는 사랑이 마냥 아름답지는 않다는 점이다. 서로 간의 나눔이 균형을 잡지 못할 때, 한쪽이 이기심의 함정에 빠질 때 나눔의 사랑은 본래의 의미를 잃어버리고 연인 사이를 주인과 노예 관계로 만들어버리기도 한다. '천사'라는 별명을 갖고 있던 세라 씨의 사연을 보자.

깊은 종교적 믿음을 가진 세라 씨는 남을 위해 헌신하며 이타적으로 살려고 노력해왔다. 천성적으로 순하고 다툼을 싫어하는 성격까지 더해져, 아는 사람 모두가 세상에 이런 천사가 없다고 입을 모은다.

그녀의 이런 헌신적인 면모는 남자친구를 사귈 때도 마찬가지다. 세라 씨의 남자친구는 데이트 비용, 옷, 화장품, 컴퓨터 부품 값 등을 태연히 요구하고 받아간다. 세라 씨가 가끔 요구를 들어주지 못하면 남자친구는 불만 섞인 어조로 이렇게 말한다.

"너는 왜 너밖에 몰라? 날 위해 그것도 못 해줘?"

모두에게 천사인 그녀가 남자친구에게는 못되고 이기적인 여자로 보이는 모양이다.

최근 세라 씨의 고민은 더 커졌다. 남자친구가 자기 자취방에서 동거를 하자고 요구하기 때문이다. 몇 번이나 거절했지만 남자친구는 계속 고집을 부리며 그녀가 이기적이라고 비난한다.

이런 이야기를 들으면 그녀의 친구들은 모두 화를 낸다. 호구처럼 굴지 말고 당장 헤어지라고 종용한다. 어떤 친구는 희생하기만 하는 세라 씨의 행동이 잘못되었다고 지적했다.

하지만 그녀는 남자친구를 위해 한 행동이 후회스럽지 않다. 사랑하는 사람에게 헌신하는 것만으로도 만족스럽기 때문이다. 또 언젠가 자신의 선의가 돌아올 것이라는 생각도 있다. 부모님의 눈과 종교적 신념 때문에 동거만은 허락하지 않고 있지만, 요즘은 남자친구의 비난과 유혹에 마음이 흔들린다. 동거를 하게 되면 남자친구를 더 잘 챙겨줄 수 있으니까.

세라 씨의 남자친구가 특별하게 악랄하고 나쁜 남자라서 이런 일이 벌어지는 것은 아니다. 누구나 사랑과는 별개로 주기는 싫고 받기만 하고 싶은 이기심을 가지고 있다. 스스로 다스리려고 노력하지 않으면 이기심은 점점 커지고 나눔의 사랑을 잊게 만든다.

연인에게 헌신하고, 배려와 관심을 보이는 것은 수고스러운 일이지만 그 수고를 통해 상대가 행복해하는 모습을 보면서 나 또한 사랑의 기쁨을 얻는다. 당장의 수고가 귀찮다고 받기만 하고 주는 것을 게을리하면, 받는 이득은 누릴지 몰라도 사랑하는 기쁨이 사라져버린다. 이는 자신의 사랑을 말려 죽이는 행동이나 마찬가지다.

다행히 세라 씨는 상담 후 남자친구와 헤어졌다. 두 사람 사이에 있는 것은 이미 사랑이 아니라 갈취와 일방적인 희생이라는 것을 깨달았기 때문이다. 사랑은 주고받는 것이다. 나눔의 사랑이라고 다를 것은 없다.

몰입과 쾌락과 나눔은 사랑을 구성하는 보편적이고 대표적인 욕구다. 그러나 실제 우리의 욕구가 그렇게 단순하지만은 않다. 관계가 지속되는 동안 욕구는 계속 변화한다. 처음에는 몰입하는 사랑만으로 세상을 다 가진 것 같다가 시간이 지나면 다른 욕구가 늘어난다. 쾌락만 추구하던 사랑이 나눔의 사랑으로 변화하기도 한다. 때에 따라, 상황에 따라 관계에서 원하는 것이 달라진다. 그런데 이렇게 복잡다단하게 변화하는 욕구가 늘 상대와 균형을 이룰 수는 없다. 내가 원하는 것이 상대와 다를 때도 있고 상대가 원하는 것을 몰라 채워줄 수 없을 때도 있다. 원하는 것이 채워지지 않으면 우리는 부족함을 느끼고 사랑싸움을 벌인다.

이런 변화와 충돌에 당황하는 연인들도 있다. 상대의 마음이 변한 건 아닐까, 내가 이기적으로 구는 건 아닐까 불안해하는 것이다. 하지만 사랑하는 사이에서 원하는 것이 늘어나는 것은 자연스러울 뿐 아니라 바람직한 일이다. 사랑싸움을 통해 우리는 서로의 욕구를 이해하게 된다. 다양한 욕구가 조화를 이룰 때 사랑은 더욱 성숙해지고 오래 지속될 힘을 얻는다.

또한 사랑하는 사람을 만나 함께하게 되면 삶의 중심이 달라진다. 개인 중심의 삶이 서로를 위한 삶으로 변화한다. 밥 한 끼를 먹더라도 예전에는 내가 먹고 싶은 것만 생각하면 되었지만, 사랑하는 사람과 함께하려면 상대가 먹고 싶은 것, 못 먹는 것을 생각하며 의견을 나눠야 한다. 혼자서 결정하던 것을 공동으로 결정하게 되고, 함께 행동하고 결과 역시 공유한다. 원하는 것, 중요하게 생각하는 것, 행동하는 방식이 모두 달라진다. 상대방과 충돌하기도 하지만, 동시에 개인 중심으로 살던 과거의 나와도 충돌하는 것이다. 사랑싸움은 그렇게 삶의 중심이 옮겨가면서 필연적으로 겪게 되는 통증이다.

사랑싸움에 나설 때는 두 사람의 지금 모습도, 서로에게 가진 불만도 모두 그 사람과 내가 원하는 것에서 비롯되었다는 사실을 기억해두면 좋다. 온전히 상대방을 위한 헌신이라 해도 그것은 나 자신이 원해서 하는 일이다. '사랑한다면 이래야 한다, 저래야 한다'고 자신과 상대를 구속하기보다 서로의 욕구에 귀 기울이는 것이 문제 해결의 방법이다. 그 욕구가 두 사람이 함께하는 삶을 만들어가는 주춧돌이 된다. 부족한 부분이 하나하나 채워질수록, 채워지는 욕구가 다양할수록 관계에서 얻는 행복도 풍성해질 것이다.

Second Love Therapy

PART 2

지금 어떻게
싸우고 있나요?

나쁜 싸움은 나쁜 결과로만 기억되지만,
좋은 싸움은 조율의 과정으로 기억된다.

Love is everything it's cracked up to be.
It really is worth fighting for, being brave for, risking everything for.

사랑은 모두가 기대하는 것이다.
사랑은 진정 싸우고, 용기를 내고, 모든 것을 걸 만하다.

- 에리카 종

10대 시절 열중했던 취미는 기타 연주였다. 한 푼 두 푼 돈을 모아 낙원상가에서 기타를 장만했던 날 내 가슴은 한껏 부풀었었다. TV 속 가수들과 같은 세련된 연주를 꿈꾸며, 집에 도착하자마자 악보를 펴고 앉았다.

그런데 기타 줄을 튕긴 순간 나는 당혹했다. 기타는 생각과는 전혀 다른 이상한 소리를 내며 징징거리고 있었다. 어? 이게 아닌데. 나는 계속 기타의 줄을 튕겼지만 소리는 나아지지 않았다. 내 첫 팬이 되어줄 줄 알았던 여동생은 시끄러우니 연습 좀 한 다음에 치라며 잔소리를 남기고 방으로 들어가버렸다. 나는 싸구려를 산 줄 알고 애꿎은 기타만 원망했다.

나중에 알고 보니 현이 알맞게 조여지지 않은 것이 문제였다. 제대로 소리를 내려면 먼저 조율이 필요했던 것이다.

조율은 까다롭다. 현의 장력에서 느껴지는 팽팽한 긴장감. 너무 당기면 끊어지고 느슨하면 음이 떨어진다. 퉁겨지는 현의 소리에 귀 기울이며 딱 맞을 때까지 신중하게 조여야 한다. 한 번 했다고 해서 끝이 아니고 매번 연주할 때마다 조율이 필요하다. 조율을 하지 않으면 아무리 실력 있는 연주자라도, 아무리 비싼 악기를 가져와도 좋은 소리를 낼 수 없다.

연애를 할 때도 마찬가지였다. 그저 만나기만 하면 좋았던 것은 처음 한순간뿐, 관계라는 악기는 곧 생각지 못한 소리를 냈다. 서운한 일이 생기고, 상대의 단점이 보인다. 주변과 비교하게 되는 순간도 왔다. 말 한마디에 좋았던 관계가 깨질까 고민 고민하며 조심스레 건넨 말은, 맞는 음을 찾기 위해 기타의 줄을 당기던 손길과 닮아 있었다. 긴장의 순간. 줄이 끊어질 듯 말 듯 숨 막히는 팽팽함 속에서, 정확한 음을 찾듯 서로의 마음과 마음을 느끼는 순간! 우리는 싸우고 있었다.

사랑을 하다 보면 싸움이 일어나기 마련이다. 그런데 이 이야기를 하면 얼굴 표정부터 어두워지는 사람들이 있다.

"싸운다는 생각만 해도 겁나고 우울해져요."

"싸웠던 걸 떠올리면 화가 나서 속이 뒤집어질 것 같아요."

이런 사람들은 싸움이 고통과 불화만을 낳는다고 굳게 믿는다. 싸움을 해결의 장이 아닌 대결의 장으로 인식하기 때문이다. 서로를 공격해 상대의 잘못을 입증한 쪽이 이기는 것이 싸움이라고 여긴다면 조율은 있을 수 없다. 싸움이 끝난 뒤에 남는 것은 피폐해진 마음과 상처뿐이다. 당연히 싸움이 두렵고 생각하기도 싫을 수밖에 없다.

하지만 말했듯이 사랑하면 싸우게 된다. 싸움을 두려워하기만 하면 사랑도 할 수 없다. 그래서 어떤 이들은 두려움 때문에 연애를 시작하려는 마음조차 접어버리기도 한다. 코칭 과정에서 만난 사람들 중에도 이런 이유로 결혼이나 연애를 꺼리는 사람들이 종종 있었다. 무척 안타까운 일이다. 황금사과가 꼭 불화로 이어지는 것이 아니듯, 모든 싸움이 부정적인 결과만을 낳는 것은 아니기 때문이다. 싸움은 관계를 뒤흔들기도 하지만 자연스럽게 서로의 속마음과 원하는 것을 알게 해준다. 현명하게 대처한다면 싸움은 불만을 해결하고 균형을 잡아주는 열쇠가 된다.

이렇게 싸움이 의미 있는 일이 될 수 있다는 것을 믿으면 문제 해결을 위해 적극적으로 노력하게 된다. 싸움이 일어난 원인, 과정, 결과를 돌아보고, 거기서 서로에 대해 알게 된 점을 바탕으로 더 좋은 관계를 만들어나갈 수 있다.

나 역시 마찬가지다. 나라고 해서 연인과 싸울 때 남들과 크게 다를 것은 없었다. 짜증, 고함, 흥분해서 빨개진 얼굴, 과도한 리액션,

위태로운 미래까지. '사랑싸움' 하면 생각나는 위기들이 우리에게도 있었다. 하지만 결론부터 말하면, 우리는 연인관계를 이어갔다. 싸우는 동안 나는 항상 이기기 위해 노력했다. 찍어 눌러 이기려고 한 것은 아니지만 무조건 져주지도 않았다. 단지 싸움이 문제를 일으켰다고 생각하는 대신 싸움을 통해 문제를 해결하려고 했다.

내가 조율하려고 노력하는 모습은 분명 상대방에게도 보인다. 내가 노력하면 상대방도 그만큼 노력한다. 처음에는 서툴렀고 서로 고집을 부렸지만 점점 전보다 나아졌다. 그걸로 충분했다. 어제보다는 오늘, 지난주보다는 이번 주에 더 나아지기를 반복하다 보니, 그 발걸음이 모여 꽤 먼 거리를 함께할 수 있었다.

이것은 우리 커플에게만 한정되는 일이 아니다. 방법은 달라도 각자의 조율법을 가진 연인들은 어디에나 있다. 이들은 '사랑싸움'이라는 말을 들었을 때 표정이 흐려지지 않는다. 이미 무의식에 쌓인 싸움에 대한 기억이 다르기 때문이다. 나쁜 싸움은 나쁜 결과로만 기억되지만, 좋은 싸움은 조율의 과정으로 기억된다. 좋은 싸움을 경험해본 사람들은 싸움을 풀어나가는 과정에 대한 자신감이 있어 싸움을 두려워하지 않는다.

아이들에게 부부싸움에 대해 물으면 더 쉽게 알 수 있다. "부부싸움이요? 엄마가 말하지 말랬는데……." 하며 안색이 어두워지는 아이가 있는가 하면, 웃으면서 "우리 엄마 아빠도 툭하면 싸워요. 근데 괜찮아요" 하고 당당히 말하는 아이도 있다. 그 차이가 어디에서 오는지는 분명하다. 좋은 싸움은 분명히 경험할 수 있는 형태로 존재한다.

싸우는 우리,
연인인가 적인가

이제까지의 이야기는 좋은 싸움을 경험해보지 못한 사람들에게는 오히려 답답하고 부정하고픈 이야기일 수도 있다. 싸우기는 똑같이 싸웠는데 내 싸움은 상처뿐인 싸움이고 남의 싸움은 건설적인 싸움이라니, 그런 게 어디 있나 싶을 것이다.

하지만 그 차이는 의외로 금방 보인다. 시작은 비슷할지 몰라도 과정부터 결론까지 하나하나 차이들이 쌓여가기 때문이다. 깊이 생각할 것 없이 우리 주위의 흔한 싸움부터 둘러보자. 나를 화나게 하고, 좌절하게 하고, 서러움에서 헤어나지 못하게 했던 싸움이 떠오른다면 그것이 바로 나쁜 싸움이다. 슬프게도 나쁜 싸움은 길을 가다가 발에 차이는 돌멩이만큼 넘쳐난다.

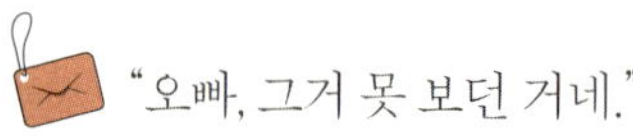 "오빠, 그거 못 보던 거네."

보미 씨가 남자친구의 시계를 보고 건넨 한 마디. 그는 조금 당황하는 표정으로 이렇게 대답했다.

"집에 있던 거야."

"그래?"

"세 달 전에 이사할 때 찾은 건데, 마침 생각이 나서 차고 나왔어."

그녀가 시계를 유심히 보고 있는 것도 모른 채 그는 잘 넘어갔다고 생각했다. 하지만 며칠 후, 보미 씨는 화가 나서 전화를 걸어왔다.

"오빠, 어떻게 나한테 이럴 수 있어?"

"뭘? 갑자기 왜 그래?"

"그 시계 원래 갖고 있던 거라며! 내가 알아보니까 신상품이던데?"

"……."

"내 앞에서는 돈 없다고 징징거리면서 그거 살 돈은 있었나 보네."

보미 씨가 빈정거리자 남자친구도 불만스럽게 맞받아쳤다.

"내 걸 내가 사는데 무슨 상관이야."

"누가 상관한대? 거짓말을 하니까 그러지!"

"아 정말……. 이런 건 좀 넘어갈 줄도 알아봐라. 네가 그렇게 툭하면 잔소리 하는데 내가 어떻게 얘길 하냐."

"그래서 지금 거짓말 한 게 내 탓이란 거야? 오빠가 이러는데 내가 어떻게 오빠를 믿어?"

“못 믿으면 어쩔 건데?”

“지금 말이라고 해? 자꾸 이럴 거면 헤어져!”

두 사람의 말싸움은 점점 격해졌다. 처음 싸웠던 이유는 시계였지만 통화가 끊길 때는 ‘애인 자격이 없다’는 말까지 나오고 있었다. 결국 두 사람은 헤어지고 말았다. 보미 씨는 지금도 남자친구가 잘못했다고 생각하지만, 가끔은 후회스러운 생각이 든다. 좋은 점도 많은 사람이었는데, 꼭 시계 하나 때문에 헤어져야 했을까?

보미 씨의 이야기는 ‘나쁜 싸움’의 전형적인 모습이다. 싸움 중에서도 가장 나쁜 것이 ‘섣불리 이별을 말하는 싸움’이다. 상대방이 정말 문제 있는 사람이라면 헤어지는 결단도 필요하겠지만 단지 싸우고 마음이 상했다고, 마음에 안 드는 점이 있다고 갈라서려는 것은 좋은 선택이 아니다.

하지만 연애코칭을 할 때 가장 많이 받는 질문은 바로 “이 사람과 헤어져야 하나요?”이다. 그럴 때 나는 참 난감하다. 배송 온 옷이 기대와 다르다고 바로 버리고 새 옷을 사겠다는 사람에게 무슨 말을 해줄 수 있을까? 직장에서 안 좋은 일이 생겼다고 곧바로 사직서를 내겠다는 사람에게 무슨 말을 해줄 수 있을까? 옷이 태가 안 나는 것 같으면 살짝 수선을 해도 되고, 코디를 바꿔서 어울리게 소화해볼 수도 있다. 업무가 순조롭지 않다면 업무방식을 바꿔보거나, 동료들과 대화해보면서 내 능력을 쌓으면 된다. 하지만 내던져버리면 그것으로 끝이다. 다음에도 같은 일이 반복될 뿐이다.

싸우고서 다짜고짜 헤어지겠다는 사람들의 말을 차근차근 들어보면 대부분은 서로 상처받는 말을 주고받고 나서 화가 나 있거나 슬픔에 빠져 불안정한 상태다. 그리고 상대방에 대한 비난에 초점을 맞추고 있다. 예를 들면 이런 식이다.

"남자한테 시계는 정말 중요한 아이템 아닌가요? 그런 감성을 하나도 모르는 것 같아요. 생각해보면 처음부터 그랬어요. 안 맞아도 너무 안 맞아요."

"이런 적이 처음이면 말도 안 해요. 예전에도 똑같은 일이 있었어요. 또 그전엔 무슨 일이 있었냐면요……."

"사사건건 트집 잡을 거리만 찾아다니는 거 같아요. 신상인지 확인하려고 검색까지 한 것 보세요. 좀 이상한 애 아닌가요? 저만 그렇게 생각하나요?"

"잘못은 자기가 하고서, 꼭 제 탓을 하고 저만 나쁜 사람으로 만들어요. 저 지금 너무 상처받아서 밥도 못 먹고 잠도 못 자고 있어요."

마치 "제발 헤어지라는 말을 해주세요. 그러면 당장 헤어질게요" 아니면 "다 그 사람이 나쁘고 이상한 탓이라고 해주세요"라고 말하고 싶어하는 것 같다.

이것은 자연스럽고 당연한 반응이다. 얼마나 놀라고 속상했으면 이렇게 상처받은 이야기를 털어놓을까. 얼마나 그 사람 때문에 화가 났으면, 얼마나 그 사람 때문에 슬펐으면 연인 관계마저 다시 생각하게 되었을까.

그러나 당연한 반응이라고 해서 결코 좋은 반응은 아니다. 둘 사이의 문제를 해결하는 데 필요한 것은 잘잘못을 평가하는 재판관이 아니다. 눈앞에 있는 사람 편을 무조건 들어주는 친구도 아니다. 원하는 대답을 해줄 수 없다는 것, 원하는 대답을 듣는다 해도 아무것도 해결되지 않는다는 것을 이들도 알고 있을 것이다.

생각과 감정의 차이를 헤어지는 것으로 풀어나가려는 연인들은 항상 부정적인 결과를 향해 달려간다. 고민을 하면 할수록, 이야기를 하면 할수록 헤어져야 할 이유만 만들면서 헤어질 마음을 굳히게 된다. 당장의 고통을 피하려고 혼자 되기를 바라는 사람은 누구를 사귀어도 헤어지고, 사귀는 중에도 외롭다. 한순간 헤어지고 싶은 마음이 든다 해도 그 흐름을 바꾸려고 노력하는 싸움이 되어야 한다.

싸움의 결론만이 아니라 과정도 중요하다. 관계를 순식간에 혼돈으로 몰아넣는 것은 서로에게 상처를 주기 위한 싸움이다. 보미 씨와 남자친구가 주고받은 말들을 보자. 누가 들어도 마음 상할 말들이 우수수 눈에 들어온다. 분명 서로 좋아해서 사귀는 관계이면서, 처음부터 헤어지기로 작정한 것처럼 상대방의 약점을 찌르며 상처란 상처는 다 주고 있다.

물론 이렇게 싸우고도 다시 화해하고 만남을 이어가는 커플도 많다. 그렇게 심한 말들을 주고받고도 다시 서로의 손을 잡는 것을 보면, 역으로 '정말 서로 사랑하는구나' 하는 생각이 들 정도다.

그런데 그렇게 사랑하는 사람에게, 왜 그때는 그런 말들을 퍼부었던 것일까? 이들에게 질문을 하면 열에 아홉은 본심이 아니었다거나 그냥 화가 나서 한 소리일 뿐이라고 얼버무린다. 마치 술에 취한 사람이 실수를 하면 어느 정도 봐주는 것처럼, 싸우는 중에는 무슨 말이든 해도 된다는 생각을 가지고 있는 것이다.

명백하게 잘못된 생각이다. 매서운 말을 들었을 때 느낀 감정은 기억과 무의식에 남는다. 당장은 화해하고 넘어갔을지 모르지만 상처를 주고 자존심을 깔아뭉개는 말은 계속 쌓여갈 것이다. 둘은 점점 연인이 아니라 적이 되어갈 게 뻔하다.

이렇게 상처 주는 말을 하는 것도 싸움을 해결의 장이 아닌 대결의 장으로 생각하고 뛰어들었기 때문이다. 반박조차 하지 못할 충격적인 말로 비난하고 기를 죽이면 유리한 위치를 점한다고 믿는 것이다. 물론 그 믿음이 사실이 아니란 건 보미 씨 커플의 결말을 보지 않아도 충분히 알 것이다.

과정과 결론을 차치하고서도, 보미 씨 커플의 싸움에는 또 하나 커다란 문제가 남아있다.

두 사람은 대체 무엇 때문에 싸웠던 것일까?

보미 씨와 남자친구에게 물으면 모두 '시계 때문'이라고 답할 것이다. 하지만 시계는 계기일 뿐 문제의 핵심이 아니다.

괜히 거짓말로 얼버무리려는 남자친구와, 작정하고 시계를 체크하는 보미 씨의 태도를 보면 두 사람 사이에는 싸움이 일어나기 전부터 문제가 쌓여 있었음을 짐작할 수 있다. 하지만 막상 싸움이 시작되고 나면, 그 문제가 무엇인지 드러나기는커녕 점점 알쏭달쏭해진다. 보미 씨는 거짓말에 화가 난 건지, 시계를 사서 화가 난 건지, 평소 돈이 없다고 투덜거리는 게 싫었던 건지 알 수가 없다. 남자친구 역시 논점이 왔다 갔다 한다. 둘 다 그때그때 내용을 바꿔가며 상대를 공격하고 있을 뿐이다. 의미를 찾지 못하는 싸움이다. 아무리 싸워도 문제의 핵심에 도달하지 못하고, 화해를 해도 비슷한 싸움이 반복된다.

이렇게 오랫동안 싸움을 반복해오는 커플에게는 공통점이 있다. "상대방에게 원하는 것이 무엇인가요?"라고 물으면 딱 부러진 답을 내놓지 못한다는 것이다.

어떤 커플은 '바라는건 하나도 없고 싸우지만 않았으면 좋겠는데 자꾸 싸움이 난다'고 주장한다. 어떤 커플은 반대로 '상대방이 개선해야 할, 잘못한 점 리스트'를 한도 끝도 없이 늘어놓는다. 양쪽 다 원하는 것이 모호하기는 마찬가지다.

싸움을 하면서 원하는 것이 무엇인지 모른다는 것은 모순이다. 싸움을 할 정도로 넘치는 에너지를 갖고 있다는 것은 무언가 강렬한 욕구가 있다는 뜻이기 때문이다. 단지 반복되는 싸움 속에서 표면에만 집착하다가 그 진짜 의미를 찾지 못하게 된 것뿐이다.

그런데 문제가 무엇인지 모르면 스스로 문제를 해결할 수 없다. 주변 사람들도 제대로 된 조언을 해줄 수가 없다. 그러는 사이에 같은 싸움이 반복된다. 원하는 것을 얻으려고 싸움을 했는데 얻지 못했으니 다시 싸움이 일어날 수밖에. 아무런 발전도 없이 에너지만 쓸데없이 낭비한다. '의미를 찾지 못하는 싸움'이 나쁜 싸움이 될 수밖에 없는 이유다.

의미를 찾지 못한 싸움은 쉽게 상처주기로 흐르고, 원하는 것을 얻지 못한 채 상처만 남은 싸움은 나쁜 결과로 기억된다. 두 사람은 쌓여가는 상처 속에서 결국 헤어질 이유를 찾기 시작한다. 이제까지 설명한 나쁜 싸움의 종합선물세트나 마찬가지다. 나쁜 싸움의 특성들은 보통 이렇게 연쇄를 일으킬 수밖에 없는 구조를 가지고 있다.

그래도 다행스러운 것은, 좋은 싸움 역시 한 번 좋은 방향으로 물꼬를 트면 연쇄적으로 좋은 특성들을 쌓아갈 수 있다는 점이다.

우리는 관계를
조율하고 있을까

　영국 드라마 〈셜록〉에서 셜록은 사람의 마음을 척척 읽어낸다. 언뜻 보면 말하지 않아도 속을 다 알아주는 좋은 친구나 연인이 될 것 같다. 그러나 극중에서 사람들은 셜록을 두려워하고 이상한 사람이라며 기피한다. 성격이 4차원인 탓도 있지만, 마음을 읽힌다는 사실에 심한 거부감을 느끼는 것이다.

　많은 연인들이 서로의 마음에 대해 그야말로 모순덩어리 같은 태도를 취한다. 내 마음은 가급적 드러내지 않으려고 하면서 상대의 마음은 속속들이 알고 싶어 한다. 동시에 스스로 감춰놓은 속마음을 상대방이 알아서 눈치채고 원하는 걸 채워주길 바라기도 한다. 두 사람 모두가 그런 태도라면 상황은 시간이 갈수록 엉키기만 할 뿐이다. 이렇게 답이 안 나오는 상황에서 우리를 구원하는 것이 바로 싸움이다.

　나 역시 싸움에서 도움을 받은 경험이 있다. 처음으로 연인과 설악산으로 여행을 가기로 하고서, 나는 신이 나서 여행 준비를 했다. 숙소를 예약하고, 짐을 챙기고, 만반의 준비를 갖추어 길을 떠났다.

　그런데 숙소 앞에 도착하고 보니 그 사람의 표정이 영 좋지 않았다. 평소에도 과묵한 편이었는데 더 말이 없어졌다. 애써 명랑한 태도로 방에 들어가자고 권했지만, 그 사람은 시선을 회피하며 싫다고 말했다. 나는 답답하고 화가 났다. 기껏 여행을 와서 왜 분위기를 망치는 건지. 여행을 기대한 내가 바보가 되는 기분이 들었다.

우리는 언성을 높여 싸우기 시작했다. 출발할 때만 해도 상상도 못했던 일이었다. 나는 계속 상대를 다그쳤고, 그 사람은 긁힌 CD처럼 싫다는 말만 반복했다. 정말 최악의 상황이었다.

그렇게 한참을 싸운 후에야 나는 상대의 마음을 알 수 있었다. 그 사람이 '싫다'고 한 것은 바로 번잡하고 깨끗하지 못한 숙소였다. 나와의 여행이 싫었던 것이 아니었다.

처음 여행 계획을 잡을 때, 그 사람은 나에게 맞춰주고 싶은 마음에 내가 제안을 하면 무조건 좋다고 했다고 한다. 그런데 실제 와보니 내가 미리 말해준 것보다 숙소의 상태가 훨씬 안 좋았던 것이다. 첫 여행인데 이런 숙소를 잡나 싶어 서운한 마음이 울컥 드는데 이제 와서 말을 꺼내기도 어렵고, 내가 속도 모르고 마냥 신나 있는 걸 보니 더 화가 났다고 했다.

나 역시 숙소를 본 순간 많이 낡았다는 생각을 안 한 것은 아니었다. 하지만 함께 여행을 왔다는 데 흥분해서 그런 것은 큰 문제가 아니라고 생각했고, 그 사람의 기분이 갑자기 나빠진 이유를 깨닫지 못했다. 그래서 그 사람의 불만을 여행에 대한 불만으로 받아들이고 화를 낸 것이었다.

나는 함께 여행을 한다는 것 자체를 중요시했고, 그 사람은 특별한 여행인 만큼 쾌적하게 잘 꾸려가길 원했다. 누가 나쁜 것이 아니라 서로 관점이 달랐을 뿐이었다. 각자가 무엇을 중요시하는지 몰랐고 상대방에게 전달하는 데도 서툴렀다.

처음에 짜증만 내던 우리는 이 사실을 깨닫자 조금씩 대화의 물꼬를 터갔다. 속마음을 내보이고 원하는 것을 이야기했다. 결론적으로 우리가 원하는 것은 같았다. 함께 즐거운 여행을 하는 것. 싸움이 전부 끝났을 때, 우리는 깨끗하고 조용한 숙소를 다시 잡았다. 즐거운 여행의 첫날을 보내기에 딱 맞는 곳으로.

그 싸움에서 우리는 서로에 대해, 자기 자신에 대해, 그리고 우리가 어떤 관계였는지에 대해 많은 오해를 풀게 되었다. 그동안 그 사람은 반대 의견을 말하면 내가 싫어할 거라고 여겨서 불만이 있어도 침묵했다. 또 자신이 침묵하며 내 의견에 맞춰주는 만큼 나도 맞춰주려 노력해야 한다고 생각하면서, 내게서 그런 노력이 보이지 않으면 화를 냈다. 나는 그 사람의 침묵을 긍정의 표시로만 해석했다. 그래서 그 사람이 불만스러운 태도를 보이면 내가 이유 없이 공격 받고 있으며, 일방적으로 짜증을 받아주고 있다고 생각했다. 그리고 우리 둘 다, 그런 생각을 말하지 않은 채 겉으로만 맞추려고 노력하고 있었다. 속으로는 '나만 맞춰주고 있다'고 생각하면서.

그날 싸우지 않고 계속 그런 식의 관계를 이어갔다면, 우리는 과연 행복했을까? 그렇지는 않았을 것이다. 싸우는 순간에는 마음이 아팠지만, 싸운 후에는 싸우기 전보다 훨씬 좋은 관계가 되었다. 한 번의 싸움이 설악산 여행의 문제뿐 아니라 우리 사이에 앞으로 일어날 더 많은 문제들을 해결한 것이다. 싸움은 꽁꽁 감추었던 마음을 꺼내는 과정이었다.

싸움이 드러내 보여주는 것은 숨겨둔 속마음만이 아니다. 사람들은 모두 서로 다른 문화와 가치관을 갖고 있다. 하지만 두루두루 무난하게 사회생활을 하는 도중에는 이를 알아보기 어렵다. 어떤 계기로라도 부딪쳐봐야 상대의 진짜 신념을 찾아낼 수 있다.

일부러 싸움을 걸라는 말은 아니다. 꼭 화를 내고 목소리를 높이는 싸움이 아니라도, 일상의 사소한 의견충돌 속에서도 서로의 가치판단 기준, 욕구의 우선순위를 깨달을 수 있다.

물론 문제를 발견하기만 해서는 소용이 없다. 해결을 위해 우리를 움직이게 만들어야 진정 좋은 싸움이다. 말은 어려워 보이지만 의외로 어렵지 않다. 싸움이 힘들다고 문제를 대강 덮고 넘어가는 것이 아니라, 이왕 싸움이 일어났으니 좋은 방향으로 노력해보자는 의지를 가지면 그것이 첫걸음이다.

싸움은 선도 악도 아니다. 선한 의미를 부여한다면 과정과 결과 모두 현재보다 더 나은 방향으로 이끌어갈 수 있다.

영아 씨와 남자친구가 좋은 예다.

영아 씨 커플은 주위에서 닭살커플로 유명하지만 의외로 싸우는 횟수가 많은 편이다. 다만 영아 씨는 싸움을 하고 나서 남자친구와 사이가 나빠진 적이 거의 없다. 아주 가끔은 한쪽이 토라져서 며칠간 조용해지기도 하지만, 그녀와 남자친구는 항상 서로에 대해 깊은 신뢰를 가지고 싸움을 잘 활용한다.

재미있는 것은 두 사람 사이에 정해진 '싸움의 규칙'이 있다는 것이다.

① 폭력이나 폭언, 인신공격하지 않기.

② 정말 화가 났을 때는 말끝마다 "미안해" 붙이기.

③ 싸움 중 누군가 정전을 요구하면 10분간의 휴식 가지기.

④ 원하는 것이 있다면 이야기하되, 듣는 사람은 "안 돼"라고 말하는 대신 타협안을 제시하기.

이외에도 몇 개가 더 있는데, 싸움 중에는 감정이 격해져서 규칙을 기억하기가 쉽지 않기 때문에 최대한 개수를 줄이려고 노력하는 중이라고 한다.

주위에서는 둘의 이런 싸움 규칙을 이상하게 여기거나, 의미가 없다고 보는 것 같다.

"정말 화가 나면 막말이 나올 수밖에 없어. 그게 규칙으로 정한다고 참아져? 너희는 진짜로 싸워 본 적이 없는 거 아냐?"

"화나게 만든 쪽이 사과를 해야지, 왜 화가 난 사람이 사과를 해? 잘못하지도 않았는데 미안하다고 하면 트집만 잡히잖아."

"싸움이 났으면 제대로 결론을 내야지. 쉬었다 한다고 뭐 달라지는 게 있나?"

"처음에는 안 된다고 딱 잘라 거절해야 주도권을 잡는 거야."

심지어 결혼생활을 하고 있는 친구들마저도 두 사람의 싸움규칙이 쓸모없다며 대신 싸움에서 이기는 법이나 주도권을 잡는 법 같은 것을 알려준다고 한다. 하지만 이런 조언은 둘 중 한쪽 편에서만 듣기 좋을 뿐 다른 한쪽은 안중에도 없는 편파적인 이야기다.

영아 씨 커플은 그런 이야기들을 귀담아들은 적이 없다. 그렇게 간섭하는 사람치고 행복한 관계를 누리는 사람이 없다는 것, 그들이 내심 영아 씨 커플을 부러워하고 있다는 것을 영아 씨는 잘 안다.

그녀에게 왜 이런 규칙을 만들었는지 물었다. 대답은 간단했다.

"정말 사랑한다면 싸움하는 시간조차 의미 있게 보내고 싶어서요."

영아 씨의 규칙이 정말 의미가 있을까? 그 규칙을 따라하면 누구나 영아 씨 커플처럼 지낼 수 있을까? 의문이 드는 사람도 있을 것이다. 그런데 규칙의 세세한 내용이 맞느냐 틀리느냐보다 더 중요한 것은, 규칙을 만들었다는 사실이다. 영아 씨 커플은 스스로 싸움을 조절하고 더 좋은 쪽으로 이끌어갈 수 있다고 믿고, 그 방법을 찾으려고 노력한다. 그것이 바로 두 사람이 닭살 커플로 지내는 비결이다.

내 앞의 황금사과, 내 욕구는 내 안에서 생긴 것이므로 내가 조절할 수 있다는 생각. 싸울 때의 감정도 내 안에서 일어나는 것이므로 내가 조절할 수 있다는 생각. 싸움도 반은 나의 문제이기 때문에 내가 조절할 수 있고, 내가 조절하는 만큼 상대도 조절하려고 노력할 것이라는 생각. 이 생각은 굉장한 것이다. 조절할 수 있다고 믿으면 정말로 조절할 수 있다.

이렇게 자신과 상대를 믿는 커플은 싸움이 일어난다고 해도 함께 조절해서 문제를 해결할 수 있다고 생각하므로 원하는 것을 말할 때 두려워하지 않는다. 싸우거나 이야기한 결과 내 뜻과는 다른 결론이 내려진다 해도, 내가 스스로 조절하고 선택한 결과라고 여기기 때문에 그렇게 큰 불만을 갖지 않는다. 양보한 만큼 다음에 충돌할 요소를 미리 제거했다는 만족감도 느낄 수 있다. 이렇게 노력하고 실천하면서 점점 더 조절하는 능력이 커지고, 자신과 상대방에 대한 믿음이 자라난다.

반대로 내 욕구와 내가 느끼는 감정은 외부 상황 때문에 생겨난 것이며, 나 스스로도 어쩔 수 없는 것이라고 생각하면 싸움을 조절하는 데도 실패할 수밖에 없다. 이런 커플은 "화가 나는 것을 어떻게 하느냐" "나는 원래 이렇다" "그러고 싶어서 그러는 게 아니다" 같은 말로 핑계를 댄다. 그리고 나를 조절하는 대신 상대방을 조절해서 원하는 것을 얻으려 한다. 결국 나쁜 싸움을 되풀이하게 될 뿐이다.

문제를 발견하고 그 문제를 해결할 능력을 키우는 좋은 싸움은 결혼을 생각하는 커플에게 더욱 중요하다. 통계청에 따르면 2014년도의 우리나라 이혼율은 30% 이상이며 OECD 국가 중 1위라고 한다. 평균 결혼 기간도 13~14년에 불과하다. 이들 부부도 처음에는 사랑해서, 치명적인 문제없이 평생을 함께할 것이라 믿었기에 결혼했을 것이다. 하지만 결말은 통계에 나온 대로다. 이들이 문제를 미리 찾아냈더라면 많은 것이 달라지지 않았을까.

은경 씨는 남자친구와 꼭 결혼을 하고 싶지만 양가 부모님이 너무 강하게 반대하는 바람에 고민에 빠져 있다. 매일 남자친구와 머리를 맞대고 부모님을 설득할 방법을 의논하고 있다.

그런데 며칠 전 남자친구가 말도 안 되는 소리를 했다. 먼저 임신을 해서 허락을 받자는 것이었다. 은경 씨는 그 이야기를 듣자마자 버럭 화를 내고 말았다. 하지만 화를 낸 뒤 생각해보니 이제까지 은경 씨가 제안한 것도 자살소동 벌이기, 야반도주하기, 부모님을 제외하고 결혼식 올리기 등등 과격하기는 매한가지였다. 남자친구가 강요를 한 것도 아니고 그저 말해본 것뿐인데 너무 과하게 반응한 것이 아닌지 걱정이 되기는 했다.

그 날은 어찌어찌 넘어갔지만 며칠 후 반대 상황이 생기자 이번에는 남자친구가 은경 씨에게 버럭 화를 냈다. 며칠 전의 보복인지도 모른다. 둘은 앞으로 어떻게 해야 할까?

결혼할 방법을 찾는 것은 두 사람에게 중요한 일이다. 하지만 결혼을 한다 해도 그 결혼을 이어갈 수 없다면 기발한 아이디어가 무슨 소용일까?

지금 두 사람에겐 부모님의 반대가 가장 심각한 문제로 보이겠지만, 결혼 후에는 더 난이도 높은 문제가 많이 일어날 것이다. 의견이 엇갈리거나 마음이 상하는 순간도 수없이 생긴다. 그러다가 결국 싸움이 벌어졌을 때 이를 잘 해결해나갈 수 있느냐 하는 것은 부부로서의 삶의 질을 좌우하는 중요한 문제다.

정말 결혼을 생각하고 있다면 사랑싸움을 피하지 말고 일부러라도 부딪쳐봐야 한다. 결혼생활을 위한 예행연습이나 마찬가지다. 연인으로서 문제를 해결할 수 있다면 부부의 입장에서도 해결할 수 있을 가능성이 높고, 그렇지 못하다면 부부가 되더라도 고통받을 가능성이 크다.

은경 씨와 남자친구는 시작부터 어째 위태위태해 보인다. 하지만 두 사람에게 문제해결 능력이 없다는 판단이 서도 그 나름의 수확이다. 미리 알고 함께 문제해결 능력을 키워간다면 결혼한 뒤에도 그 노력을 이어갈 수 있기 때문이다. 혹은 싸움의 결과 함께 큰 문제를 해결해갈 수 없고 결혼은 무리라고 판단하여 헤어지더라도, 마음은 씁쓸하겠지만 그 싸움은 나름 필요한 것이었다고 말할 수 있을 것이다.

헤어지는 것도
방법이다

이제까지 좋은 싸움과 나쁜 싸움을 이야기하면서, 주로 관점과 방법의 이야기를 많이 했다. 좋은 방법을 택해 노력하면 어떤 싸움이든 좋은 방향으로 갈 수 있다는 전제 하에서의 이야기이다. 하지만 여기에도 예외는 있다.

앞서 싸움에서 가장 중요한 질문은 '상대방에게 원하는 것이 무엇인가요?'라고 했다. 그 답을 정확히 찾아내면 훨씬 쉽고 편하게 싸움을 풀어갈 수 있다고도 말했다. 그런데 그렇게 해서 나온 대답이, 나의 능력이나 가치관 상으로는 도저히 들어줄 수 없는 바람이라면?

좋은 싸움을 할 능력이 있는 사람들은 자신이 무리한 요구를 하고 있다는 것을 깨달으면 자진해서 욕구를 내려놓는다. 하지만 두 사람에게 그런 현명함이 없다면 문제는 심각해진다. 더 이상 이것은 방법의 문제가 아니다. 아무리 부드러운 설득도, 상대를 생각하는 깊은 사랑도 충족 불가능한 욕구를 채워줄 순 없다. 시작한 순간부터 두 사람 모두 패자가 될 수밖에 없는 싸움이다.

그 중에 대표적인 것이, 바로 한쪽이 밑바닥 없는 의심에 빠져 끊임없이 마음의 확인을 요구하는 경우다.

KBS 드라마 〈부부클리닉 사랑과 전쟁〉은 시청하다 보면 정말 결혼하기 싫어지는 것으로 유명한 프로그램이다. 이혼을 하려는 부부가 소송에 다다르게 된 이유와 과정을 보여주는데, 그 중에서도 유독 자주 다루어지는 소재가 바로 '의심'이다. 한번 태어난 의심은 배우자가 어떤 증거를 가져와도 풀리지 않고, 지독한 고통만 남긴 끝에 파국으로 치닫는다는 결말이 대부분이다. 의심은 비단 부부뿐만 아니라 연인들 사이에서도 끔찍한 싸움의 원인으로 자주 지목된다.

민아 씨와 남자친구의 통화를 들어보자.

"여보세요?"

"지금 어디야?"

“어디긴, 집이지.”

“그래? 인증 사진 좀 보내봐.”

한숨부터 나온다. 민아 씨의 남자친구는 의심이 많다. 민아 씨가 어디에서 뭘 하고 있는지 끊임없이 확인하는 것도 모자라 요즘은 사진까지 요구한다.

“아까 보내줬잖아.”

“그건 그때고. 지금 찍은 걸로 또 보내줘.”

“싫어. 자꾸 왜 그러는 거야? 내가 집이 아니면 어쩔 건데?”

“이거 봐라. 역시 집이라는 거 거짓말이지? 진짜 솔직히 말해. 너 지금 어디야?”

그는 원하는 증거를 제시하지 않으면 곧바로 나쁜 쪽으로 단정 짓는다. 전화상으로 싸운 것도 벌써 몇 십 번. 민아 씨는 소리 지르고 싶은 것을 꾹 참고 하소연을 해 본다.

“집이라고 몇 번을 말해. 왜 사람 말을 안 믿어?”

“네가 수상하게 구니까 그렇지.”

“내가 뭘 어쨌다고 그래?”

“아까부터 계속 말하는데 사진 안 보내잖아. 네가 정말 당당하면 왜 못 보내?”

전화기 너머의 남자친구에게 걷잡을 수 없이 화가 난다. 오늘도 싸울 것 같다.

그녀는 도대체 왜 이런 이길 수 없는 싸움을 하면서까지 사귀고 있는 걸까? 사랑싸움은 해결될 가능성이 있을 때에만 가치가 있다. 현재 남자친구의 의심은 민아 씨의 힘으로 해소해줄 수 없는 상태다. 그리고 민아 씨는 의심받을 때마다 상처를 받고 있다.

민아 씨가 남자친구와 헤어지지 못하는 것은, 이제까지 두 사람의 관계에서 민아 씨가 추구하는 사랑이 채워져 왔기 때문일 것이다. 당장은 그 행복감이 의심받아서 생기는 상처를 덮어주고 있을지도 모른다. 하지만 버틸 수 있는 것은 잠시뿐이다. 상처가 커지고 행복감이 사라졌을 때 피폐해져 있는 것은 민아 씨 혼자다.

깊이 사랑하는 연인이라도 서로를 의심하는 순간이 찾아올 수 있다. 어떤 사건 때문에 오해가 빚어진 것일까? 평소 너무 소통이 부족했던 것일까? 무엇이든 이유는 있을 것이다. 일단 의심이 태어났다면 아무리 억울하고 화가 나더라도 반드시 그 자리에서 풀어야 한다. 의심은 산 위에서 굴러 내려가는 눈덩이와 같다. 처음에는 작은 눈덩이라도 가만히 내버려두면 점점 큰 눈덩이로 변하고, 어느새 눈사태를 일으킨다.

모든 의심하는 마음의 바탕에는 '두려움'이 있다. 상대가 무엇 때문에 의심을 하기 시작했는지, 혹은 왜 내 마음에 의심이 생겨났는지, 서로 대화를 통해 이해해주고 그 두려움을 해결하면 신뢰는 지켜질 수 있다.

그런데 간혹 상관 없는 곳에서 비롯한 두려움이 가까이에 있는 연인에게 향할 때가 있다. 의심의 원인이 자기 마음속에 있다면, 연인이 아무리 성실함을 보여주고 증거를 들이대도 두려움은 해결될 수 없다. 민아 씨의 남자친구는 안타깝게도 이런 상태인 것 같다.

상대가 나에게 원하는 것이 내가 채워주기엔 무리한 바람이라면, 싸움을 계속해봤자 둘 모두 패자가 될 뿐이다. 결단을 내려야 한다. 헤어지는 쪽이 더 나은 때도 분명히 있다.

용준 씨는 어디 가서 말 꺼내기도 힘든 고민으로 속앓이를 하고 있다. 용준 씨는 소위 '매 맞는 남자'이다.

용준 씨는 자신에게 문제가 있는 것은 절대 아니라고 강조한다. 현역 만기 제대에 체육교육과 출신. 하루에 한 시간은 꾸준히 헬스클럽에 다니고 있을 정도로 튼튼한 몸을 가지고 있다. 동년배의 남자들보다 오히려 힘이 세면 셌지 쥐어 박히고 다닐 체력의 소유자는 아니다. 작지만 사업체를 이끌고 있을 정도로 자기 생각도 뚜렷하다.

여자친구는 키도 작고 호리호리해서 약해 보이는 타입이다. 그러나 둘만 있으면 사람들이 상상도 못할 상황이 벌어진다. 여자친구는 사소한 걸로 트집을 잡아서 용준 씨의 뺨을 때리거나 무릎을 걷어찬다. 어디가 부러지고 다칠 정도로 세게 때리는 것은 아니지만, 기분이 나쁘고 마음이 아프다.

다른 남자들 같으면 같이 폭력을 휘두르거나 헤어졌겠지만 용준 씨는 선뜻 행동을 취하기가 어렵다. 그동안 그녀에게 들인 정성이 아깝다는 생각, 그리고 그녀에 대한 동정심 때문이다. 여자친구는 용준 씨를 만나기 전에 몇 번이나 자살 시도를 했었다. 지금도 자기 분에 못 이겨 자해를 하곤 한다. 용준 씨에게는 그런 행동이 너무나 가여워 보였다. 자신이 사랑으로 감싸주면 여자친구의 마음의 상처가 낫고, 행동도 고쳐지리라고 생각한 적도 있었다.

하지만 현재 용준 씨는 여자친구한테 무차별적으로 맞고 있을 뿐이다. 평소 뉴스에서 맞고 사는 여자들을 보면서 미련하다고 비웃었는데 막상 자신의 일이 되니 눈앞이 캄캄했다. 심지어 나는 남자인데…… 인터넷을 검색해보니 자신처럼 맞고 사는 여자들의 글은 보이지만 남자는 없다. 어떻게 하면 좋을까. 그는 진동소리만 들려도 놀라 핸드폰을 바라본다.

데이트 폭력. 뉴스에도 간간이 나온다. 남자친구한테 폭행을 당한 피해 여성들이 두려움과 후회의 목소리로 증언한다. 그 뉴스를 다룬 기사의 댓글에는 그런 여성들을 걱정하는 댓글도 있지만 이런 댓글도 있다. "나 같으면 당장 헤어지겠다. 그거 하나도 결심 못하는 것이 이해가 안 됨" "요즘 여자들이 어디 때린다고 가만히 있는 여자들인

가. 저거 조작 아냐?" "여자 때리는 남자나 그렇다고 맞고 사는 여자나. 이게 대체 언제 적 이야기인지……." 이런 식으로 데이트 폭력은 존재하지 않거나 나약한 소수만의 문제인 것처럼 말하는 사람들도 있다.

그러나 데이트 폭력은 지금도 우리 곁에서 숱하게 일어나고 있다. 경찰청에 따르면 우리나라에서 최근 3년 동안 데이트 폭력으로 검거된 사람은 약 2만 명에 이르고, 살인이나 살인미수 피해자는 313명이라고 한다. 한 해 100여 명의 여성이 연인에 의해 죽거나 죽을 뻔한 상황에 처하는 것이다. 또한 데이트 폭력 실태 조사에 따르면 연인 중 30~50%가 신체적 폭력을 경험했고, 정서적 폭력을 포함하면 그 비율은 90%에 이른다고 하니 그 무서움은 이루 말할 수 없다.

가해 이유 중에 하나로 자주 언급되는 것이 '사랑'이다. 사랑하기 때문에 감정을 주체하지 못했고, 그 와중에 폭력이나 폭언이 어쩔 수 없이 나왔다는 것. 그런 이유로 법적인 선처를 청하거나 피해자에게 용납과 용서를 강요하기도 한다.

그러나 경찰과 판사가 판단할 사안이든, 당사자끼리 해결할 사안이든 이는 결코 받아들일 수 없는 변명이다. 정말 그것이 타인에 대한 사랑이라고 생각하는가? 그렇게 남을 무자비하게 사랑한다면 스스로는 왜 그런 식으로 사랑하지 않는가. 만약 당신이 싸울 때 행하는 우발적인 폭력들이 당연한 것이라고 여긴다면 다시 생각해볼 필요가 있다.

우리는 누구나 타인에 대한 공감능력이 있다. 당신이 공포 영화를 볼 때 찢어지게 비명을 지르는 희생자의 모습에 몸서리를 치는 것은 그 희생자와 자신의 모습이 겹쳐지기 때문이다. 분명 나와는 전혀 관계없는 스크린 속의 사람이지만 그 사람이 겪을 고통과 두려움이 내 오감을 통해 전해지는 것이다. 싸움도 마찬가지다. 상대방이 겪을 고통과 내 고통을 알고 있기 때문에 싸움을 두려워하고 싸우지 않을 방법을 고민하는 것이다.

상대가 나에게 고의적이고 지속적으로 고통을 가하고 있다면, 어떤 이유가 있다 해도 그것은 사랑에서 나오는 행동이 아니다. 이 책은 사랑하는 사람과 함께 문제를 해결하는 방법을 이야기하는 책이지 당신의 고통에 아랑곳하지 않는 사람을 변화시키는 방법은 제시할 수 없다. 이 책이 아니라 다른 그 어떤 책도 마찬가지다. 데이트 폭력은 당신 스스로 해결할 수 있는 문제가 아니다. 경찰과 상담기관의 도움을 받으라.

성공한 연애코칭 사례를 조사하다가 만난 준희 씨는 여러 가지로 인상적인 사람이었다. 그녀는 줄곧 솔로로만 지내다가 최근에 첫 연애를 시작했다고 했다. 재미있는 것은 연애 초보인 그녀가 다른 친구들을 상대로 연애상담을 해준다는 것이다. 조용하고 차분한 성격에 남의 말에 귀를 잘 기울이는 그녀는, 자기보다 훨씬 연애 경험이 많은 친구들의 고민을 찬찬히 들어주고 문제가 풀리도록 이끌어주었다. 친구들이 반 농담으로 그동안 몰래 연애한 거 아니냐고 물어오면 그녀는 그냥 웃어넘긴다고 한다.

준희 씨는 성공적인 코칭의 비결을 자신의 직업에서 찾았다. 그녀는 피아노 조율사로 일하고 있었다. 피아노의 내부에는 수백 개의 현이 들어가 있다. 피아노 소리에 문제가 생기면 그 선 하나하나를 조율하여 원래대로 돌려놓는 것이 조율사의 일이다. 각종 도구를 다룰 줄 알아야 하며 피아노를 수리, 분해, 조립할 수 있는 체력도 있어야 한다. 고된 작업 때문에 귀에 이상이 생기거나 손을 다치는 사람도 있다고 한다. 섬세함과 침착함, 끈기가 있어야 작업을 무사히 마칠 수 있다.

연인 간의 싸움도 마찬가지다. 싸움은 고되고 괴로운 것이며 그 과정 중에 누군가 다칠 수도 있다. 섬세하고 침착하게 문제를 다루면서 끈기를 갖고 풀어나가야 한다.

준희 씨는 관계를 조율하는 것이 피아노 조율하는 것보다 쉽다고 말한다. 상대를 조율할 수는 없지만, 스스로를 조율하는 것은 누구나 할 수 있다. 먼저 나를 조율하고 나면, 잘 조율된 피아노의 건반을 두드렸을 때 원하는 소리가 나듯 나에게 반응하는 상대도 원하는 반응을 보여준다는 것이다. 준희 씨는 고민을 털어놓는 사람을 피아노로 보고 문제가 있는 부분을 짚어내어 조율하는 법을 알려줄 뿐이라고 한다.

그녀의 말은 놀랍게도 네 번째 파트에서 소개할 싸움의 기술과 일치하는 면이 많았다. 싸움은 조율하는 시간이라는 것, 조율이 마음의 문제를 치유하는 기회가 된다는 생각마저 비슷했다.

그녀는 이 말도 덧붙였다.

"대부분의 싸움은 정말 별것 아니에요. 정말 어처구니없고 어려워 보이는 싸움이라도 해결할 방법은 꼭 있어요. 소소한 싸움 전에, 싸움 중에, 싸움 후에, 조율할 기회는 무수히 많아요. 그리고 문제의 해결은 스스로를 조율하는 것에서부터 시작되죠. 그러니 절대로 겁먹지 말고 사랑의 조율사가 되어보세요."

Third Love Therapy

PART 3

숨겨진 마음을 보여주는
마법의 질문

연인 간의 싸움은 대부분 '잘못' 보다는 '다름'에서 온다.
차이를 인정하면서 원하는 것을 채워주는 법,
그 첫걸음은 서로의 욕구를 찾아내는 것이다.

I was born with an enormous need for affection,
and a terrible need to give it.

나는 애정을 받을 엄청난 욕구와
그것을 베풀 엄청난 욕구를 타고났다.

- 오드리 햅번

우리는 사랑을 사랑한다. 대중가요의 노랫말은 대부분 사랑에 관한 것이고, 드라마에서도 사랑 이야기가 빠지지 않는다. 잘 나가는 소설도 대부분 로맨스를 다룬다. 사랑이라는 소재는 항상 우리의 눈과 귀와 입에 커다란 영향력을 갖고 머물러 있다.

그런데 사랑 이야기에 결코 빠지지 않고 따라오는 반갑잖은 짝이 있다. 바로 사랑싸움. 노래에서도, 드라마에서도, 소설에서도 사랑싸움은 사랑이 머무는 자리마다 함께하며 그 존재감을 뽐낸다. 현실의 사랑싸움도 지긋지긋한데 환상 속에서마저 연인들이 싸움을 피할 수 없다니 얄궂을 따름이다.

아직 연애를 해보지 않은 사람들은 사랑하면서 도대체 왜 싸우느냐고 묻는다. 그리고 자신이 연애를 하면, 그리고 결혼을 하게 되면 대화하고 이해하면서 절대 싸우지 않겠다고 다짐한다. 그러나 지금 한참 열애중이거나 연애를 해봤던 사람이라면 그런 꿈은 꾸지조차 않는다. 지금도 이렇게 싸우는데 어떻게 결혼해서 안 싸운단 말인가. 그러면서도 스스로 반문한다.

"도대체 왜 싸우지? 우리가 싸우려고 연애한 것은 아닌데."

아직도 그 이유를 모르겠다면 사랑싸움에 대해 한 가지 착각을 하고 있기 때문이다. 우리는 누군가 잘못을 했기 때문에 싸움이 일어난다고 생각한다. 그래서 싸움이 벌어지면 상대방의 잘못을 입증하려고 애쓰면서 자신에겐 잘못이 없다고 항변한다. 이런 싸움은 쉽게 '나쁜 싸움'으로 흐른다. 애초에 초점을 잘못 잡았기 때문이다.

연인 간의 싸움은 대개 '잘못'보다는 '다름'에서 온다. 두 사람의 문화가 다르고, 가정환경이 다르고, 삶의 가치관이 다르다. 평소에는 서로 존중하고 양해하며 지내지만, 그 다른 지점이 충돌하는 순간도 오기 마련이다.

"사람은 서로 다를 수밖에 없잖아요. 달라서 싸운다면 그 싸움은 해결할 수 없는 것 아닌가요?"

미리 좌절할 필요는 없다. 싸움을 해결할 열쇠는 반드시 있다. 앞서 사람은 누구나 원하는 것이 있으며, 그 욕구가 황금사과가 되어 불화를 일으킨다고 했다. 역으로 말하면 서로의 욕구를 채워주면 문제는 사라진다는 것이다. 각자의 차이를 인정하면서, 서로가 원하는 것을 채워주는 법. 그 첫걸음은 나와 상대의 욕구를 찾아내는 것이다.

원하는 것이
무엇인가요?

한 한국인 여행객이 외국에서 어린아이의 머리를 쓰다듬었다가 현지 경찰에 잡혀간 사건이 있었다. 선의로 한 행동이 그곳에서는 성추행이었다는 것이다. 그 여행객은 며칠간의 고초 끝에 문화 차이를 인정받아 간신히 풀려나왔지만, 황당하기 그지없었다고 한다.

악의 없는 행동도 문화에 따라 악의가 있는 것처럼 보일 수 있다. 머리를 만지는 것만이 아니다. 포옹을 하거나 입을 가리고 웃는 것 같은 평범하고 일상적인 행동들이 문화권에 따라 불쾌하거나 무례한 일이 될 수 있다. 꼭 나라와 나라 사이에서만 벌어지는 일이 아니다. 한 나라 안에서도 남녀 간의 문화 차이, 세대 간의 문화 차이, 종교나 지역으로 인한 문화 차이가 생각보다 크다. 상대방의 익숙하지 않은 행동을 자기 문화의 기준으로 해석하면, 위의 여행객이 당한 사건처럼 상대방의 의도를 완전히 오해하게 된다. 설령 의도를 이해했다 해도 문화에 따른 불쾌감은 쉽게 떨쳐내기 어렵다. 문화 차이가 싸움을 부르기 쉬운 이유다.

소진 씨는 유치원 교사이고 남자친구는 경찰관이다. 그녀와 남자친구는 크게 싸우는 일은 거의 없지만 사소한 투닥거림이 잦은 편이다.

그녀가 화를 내는 이유는 가끔 남자친구가 자신을 범인 취조하듯 대하기 때문이다. 때로는 말하고 싶지 않은 일도 있고, 기억이 잘 안 나거나 생각을 가다듬느라 대답이 늦어질 때도 있는데 그럴 때마다 남자친구는 마치 심문하듯이 꼬치꼬치 캐묻는다.

반면 남자친구는 소진 씨가 자신을 유치원생 취급하는 것이 불만이다. 문제가 생기면 소진 씨가 아이에게 하듯 커다랗게 제스처를 취하고 오버하는 말투로 달래거나 훈계하려 든다는 것이다. 기분도 별로고, 남들이 보기라도 하면 더 민망해진다. 자신이 어른이란 걸 잊어버리는 거 아니냐고 남자친구는 불평한다.

소진 씨 커플의 싸움은 직업 간의 문화 차이에서 비롯하고 있다. 유치원 교사와 경찰관은 각각 직업 고유의 업무 특성을 가지고 있다.

경찰관은 수사를 하여 범인을 잡되 억울한 사람이 나오지 않도록 해야 한다. 범죄자가 범행을 부인하고 모르쇠로 일관하면 다그쳐서라도 입을 열게 해야 하고, 피해자나 목격자가 증언할 때에도 정보가 구체적이고 정확한지 하나하나 꼼꼼히 확인해야 한다. 그런 일을 하루 이틀이 아니라 몇 년씩 하다 보면 습관이 되고 말투가 바뀔 수밖에 없다. 직장 동료들도 다 비슷한 말투일 테니 그게 이상하다는 생각도 들지 않을 것이다. 경찰관 남자친구가 경찰서에서 하던 행동을 연인 앞에서 하는 것은 나쁜 의도가 있어서가 아니다. 몸에 익은 습관이 저절로 나오는 것이다.

유치원 교사도 마찬가지다. 종일 유치원생들과 지내면서 아이들의 눈높이에 맞추어서 이야기를 하고, 아직 말귀가 덜 트인 아이들을 몸으로 이해시켜야 한다. 그런 말과 행동이 몸에 밴 유치원 교사가 연인을 무심코 아이 대하듯 했다고 해도 그것은 연인을 무시해서가 아니다.

하지만 이들의 직장을 벗어난 곳에서는 문화가 다르다. 꼬치꼬치 다그치듯 질문하는 것은 보통 의심이나 공격적인 의도를 담은 행동이고, 어른을 어린아이 취급하는 것은 상대를 무시하는 무례한 태도다. 상대방이 불쾌하게 여기는 것도 무리가 아니다.

문화의 차이일 뿐 어느 쪽의 잘못도 아니다. 그런데 잘못한 사람이 없다는 것을 알아도 불쾌함이 없어지지는 않는다. 소진 씨와 남자친구 역시 상대방의 직업을 알면서도 기분 나쁜 것을 참기 어려운 것이다. 잘못한 사람은 없어도 해결해야 할 문제는 있다.

남자친구와 함께 상담을 하러 온 소진 씨에게 질문을 해보았다.

"남자친구에게 원하는 것이 무엇인가요?"

답은 빨리 나왔다.

"남자친구가 저를 범인 취급 좀 하지 않았으면 좋겠어요."

그런데 옆에 있던 남자친구가 곧바로 반발한다.

"범인 취급 한 적 없어요!"

소진 씨도 할 말이 있다.

"매번 무슨 의심이라도 하는 것처럼 캐묻잖아."

어? 답이 보이는 것 같다.

남자친구의 행동은 습관적인 것이고, 나쁜 의도가 있는 것은 아니다. 소진 씨가 그것을 이해한다면 질문에 대한 진짜 답, 그리고 해결책까지 찾을 수 있다. 다시 해보자.

"남자친구에게 원하는 것이 무엇인가요?"

"꼬치꼬치 캐묻는 투로 말하지 않았으면 좋겠어요."

이번에는 남자친구가 말이 없다. 범인 취급은 한 적 없지만, 말투가 좋지 않았다는 것은 인정하기 때문이다. 소진 씨에게 다시 물었다.

"남자친구가 그렇게 말을 할 때 어떤 감정이 드나요?"

"범인 취급 하는 것 같고……. 음, 사실 범인 취급하는 게 아니라는 건 알아요. 습관이라는 건 아는데, 그래도 말투가 세니까 들을 때마다 불안해져요. 내가 무슨 잘못한 것 있나, 나한테 화가 났나 싶은 생각이 들고. 사실……. 무서워요."

이번에는 남자친구에게 물었다.

"이 이야기를 듣고 어떤 생각이 드세요?"

"아니, 진짜로 범인 취급 하려는 게 아니에요. 화가 나서 그러는 것도 아니고요. 그냥 말투예요. 그런데……."

남자친구는 복잡한 표정으로 고민하다가 말했다.

"처음에는 억울하기만 했는데, 지금은 억울한 기분 반, 미안한 기분 반이에요……. 사실은 미안한 게 더 많아요. 습관대로 말한 건데 그때마다 소진이가 그런 기분인 줄 몰랐어요. 알았으면 절대 안 그랬을 거예요. 내가 왜 내 여자친구를 불안하고 무섭게 만들겠어요. 경찰 남자친구가 옆에 있으면 든든해야지."

계속해서 질문을 주고받은 결과, 소진 씨의 남자친구는 앞으로 좀 더 말투에 신경 쓰겠다고 했다. 소진 씨 역시 아이 대하는 듯한 행동이 나오지 않도록 조심하겠다고 약속했다.

두 사람이 약속을 잘 지킬지는 알 수 없다. 몸에 밴 습관을 고치기는 어렵기 때문이다. 직장에서는 계속 원래 말투를 써야 하기 때문에 더 어려울 것이다.

하지만 둘 사이의 문제는 훨씬 줄어들 것이다. 두 사람은 이제 서로의 문화 차이를 이해했고, 상대방의 본심은 나쁘지 않다는 걸 알게 되었다. 그러니 같은 일이 벌어져도 훨씬 화가 덜 날 것이다. 또한 비록 의도는 선하더라도 상대가 불쾌할 수 있다는 것을 깨달았으니 평소에 최대한 조심하고 실수했을 때는 곧바로 미안한 마음을 전할 것이다. 각자가 상대를 위해서 이해하고 조심하려고 노력한다는 것을 안다면, 두 사람은 충분히 만족할 것이다. 어쩌면 지금쯤 "너 또 그런다" 하고 서로의 말실수를 웃어넘기거나 그냥 익숙해져 있을지도 모르겠다.

유리 씨는 어려서부터 잔병치레가 잦았다. 입원도 숱하게 했고, 매년 연례행사처럼 병치레에 시달렸다. 외동딸에 자주 아프다보니 부모의 보살핌이 극진했고, 친구와 지인들도 연약한 그녀를 자주 배려해주었다.

반면 그녀의 남자친구는 해병대 출신으로 감정 표현을 여간해서 하지 않는, 사나이 중의 사나이였다. 감기몸살에 걸려도, 회사일이 안 풀려도 기분 나쁜 표정 하나 짓지 않는다.

유리 씨가 남자친구에게 아쉬운 점은 약속시간에 너무 엄격하다는 것이다. 유리 씨는 뛰거나 빨리 걸으면 쉽게 지친다. 그래서 간혹 약속시간에 늦을 것 같으면 서두르느라 무리하는 대신 미리 전화를 해서 늦는다고 사과를 해 둔다. 하지만 남자친구는 여전히 못마땅한지 매번 설교조로 잔소리를 한다. 건강 문제에 민감한 유리 씨는 저도 모르게 벌컥 화를 내며 반발하고, 그러면 남자친구는 더 이상 말하지 않고 화제를 돌린다고 한다.

상담을 하면서 유리 씨는 그래도 남자친구가 화를 낸 적은 없으며, 한 번도 싸움을 한 적이 없다고 강조했다. 두 사람은 지금까지도 문제가 없었고 앞으로도 문제가 없을 것이라고 믿는 그녀다.

유리 씨의 마지막 말에서 오히려 불안한 여운이 느껴진다. 그녀가 애써 외면하고 있는 사실. 두 사람은 이미 싸움을 하고 있다.

유리 씨가 화를 내고, 남자친구가 자신의 마음을 숨기고 나면 겉으로는 남자친구가 져주고 그녀가 이긴 것처럼 보인다. 그렇지만 남자친구는 앞으로도 그녀에게 설교를 할 것이고 그녀 또한 서운함을 쌓아갈 것이다. 숨겨진 싸움이 눈에 보인다. 언성을 높여야만 싸움이 아니다. 냉전 같이 조용한 싸움도 있다.

이 사연을 두고 인터넷 댓글란에서는 유리 씨를 옹호하는 사람들과 나무라는 사람들이 치열한 논쟁을 벌였다. 중재하는 사람, 심지어 중재하는 척 하면서 싸움을 부추기는 사람까지 나왔다. 왜 사람들은 자기 것도 아닌 남의 사연으로 싸울까? 이유는 간단하다. 각자가 추구하는 가치가 다르기 때문이다.

유리 씨가 잘못했다는 사람들은 유리 씨가 남자친구에게 성의가 없기 때문에 약속에 늦는 것이라고 나무란다. 아무리 허약해도 약속 시간을 맞추기 위해 뛰어가는 것 정도는 할 수 있지 않느냐는 것이다. 잘못을 한 건 유리 씨이고, 길에서 멍하니 시간을 버리며 유리 씨의 무성의함에 서운해했을 남자친구를 생각하면 잔소리를 듣는 것도 당연하다고 이들은 말한다.

유리 씨를 옹호하는 쪽에서는 건강한 사람들이 아픈 사람의 사정에 너무 무심하다면서 남자친구를 탓한다. 무리했다가 컨디션이 나빠지면 고생하는 건 유리 씨다. 그녀가 매번 약속에 늦는 것도 아니고, 미리 연락하는 것으로 성의를 보이고 있다. 오히려 그녀의 몸 상태를 알면서 굳이 지적을 하는 남자친구가 배려가 없다는 얘기다.

잘 살펴보면 각자 감정을 이입하는 대상도 다르거니와 중요시하는 가치도 다르다는 것을 알 수 있다. 기다리는 사람의 시간, 아픈 사람의 몸 컨디션, 약속을 성의 있게 지키는 것, 연인 간에 서로 배려를 보이는 것, 서로의 기분 등 저마다 다른 가치를 바탕으로 이야기를 하고 있다. 같은 편을 드는 댓글들도 남녀 간의 관계에 대해 서로 다른 전제를 가지고 있는 경우가 많았다. 양쪽의 손을 다 들어주면서 중재를 하거나 얄밉게 싸움을 부추기는 사람마저도 그 안에 중요시하는 가치가 엿보였다.

지금 두 사람에게 원하는 것이 무엇이냐고 물으면, 약속장소에 안

늦었으면 좋겠다, 늦는 것을 이해하고 잔소리를 하지 말았으면 좋겠다 같은 단순하면서도 상충되는 답이 나올 것이다. 얼핏 이 문제에서만은 중간의 해결책이 없고, 모 아니면 도! 하고 둘 중에 하나를 골라야 할 것 같다. 그런데 한쪽을 고르면 다른 쪽은 패자가 될 수밖에 없다. 그래서 댓글로 조언하는 사람은 누가 더 잘못했는가를 놓고 말싸움을 벌인다. 더 잘한 사람의 손을 들어주는 게 옳다고 생각하기 때문이다.

그런데 실은 그 외의 선택지도 있다. 두 사람이 각각 중요하게 생각하는 가치가 무엇인지 잘 생각해보자. 그녀의 몸 상태일까, 남자친구의 시간일까. 유리 씨는 정말로 자기 몸이 최우선이라는 이기적인 마음을 가지고 있을까? 남자친구는 기다리는 게 싫어서 매번 잔소리를 하는 것일까?

유리 씨에게 중요한 것은 만남이다. 그녀는 좋은 컨디션에서 남자친구를 만나 즐거운 데이트를 하기 위해서 늦을 것 같아도 무리하지 않는 것이다. 남자친구에게 중요한 것도 만남이다. 유리 씨를 빨리 만나고 싶고, 유리 씨도 같은 마음이란 걸 보여주길 바라서 늦지 말아 달라고 말하는 것이다.

그렇게 생각하면 두 사람이 추구하는 가치, 즉 원하는 것은 같다. 시간을 엄수하거나 몸 컨디션을 유지하려고 하는 것은 만족스러운 만남이라는 가치를 위한 수단일 뿐이다. 자, 문제의 진정한 모습이 보이기 시작한다.

유리 씨는 컨디션을 망치느니 늦는 게 낫다고 생각해서 서두르지 않지만, 동시에 남자친구가 막연하게 기다리지 않도록 꼭 연락한다. 체력이 부족한 유리 씨로서는 나갈 준비를 하고, 약속장소까지 이동하고, 남자친구와 어울리고 집에 돌아오는 모든 과정에서 지치는 것을 참으며 많은 노력을 해야 한다. 그런 상황에서나마 좋은 만남을 갖기 위해 최선을 다하고 있다. 그것을 남자친구가 몰라주고 나무라기만 한다면 그녀로서도 서운하고 화가 날 것이다.

그런데 서운해하기 전에 그녀 역시 자신의 사정을 남자친구에게 충분히 이야기했는지 생각해봐야 한다. '몸이 약해서 쉽게 지친다고 여러 번 말을 했다'고 항변하겠지만 정말 그것으로 충분할까? 남자친구는 해병대에 지원할 정도로 건강과 체력을 타고난 사람이다. 체력을 소모해도 금방 회복되고, 끝나지 않는 무기력감이 얼마나 우울한지도 잘 모른다. 잠깐 뛸 때 소모되는 체력이 유리 씨에게는 하루 종일 아껴 써야 할 커다란 양이며, 지친 몸으로는 만남에 집중할 수도 즐거운 시간을 보낼 수도 없다는 사실도 생각해보지 못했을 것이다. 더군다나 힘든 것을 참는 것은 당연하다고 생각하는 해병대 사나이다. '뛰는 것이 힘들어서 안 뛴다'는 말만 가지고는 유리 씨의 태도를 오해할 수밖에 없지 않을까? 나는 1분이라도 빨리 만나고 싶어서 두근거리는데, 상대방은 잠깐 힘든 게 싫어서 서두르지도 않는다고 생각하면 누구라도 불만이 생기지 않을까?

유리 씨와 남자친구가 화제를 돌리지 않고 계속 말다툼을 벌였다면 조금 시끄러워지더라도 이런 사정과 각자의 생각이 서로에게 전달되었을 가능성이 높다. '좋은 싸움'으로 잘 이끌어갔다면 오히려 만남을 진심으로 원하는 서로의 속마음을 확인할 절호의 기회가 되었을 것이다. 하지만 현재는 남자친구가 무작정 참고 있다. 이럴 때일수록 진지하게 조율을 시도해야 한다. 이미 겉으로 드러나지 않는 신경전이 진행되고 있기 때문이다.

양쪽 다 만남을 원하는데도 싸움이 벌어지는 것은 서로의 환경과 가치관이 다르기 때문이다. 허약한 몸을 타고나 많은 사람의 도움을 받아온 유리 씨는 배려를 중요하게 생각한다. 건강한 몸을 타고나 어려운 해병대 훈련을 버텨낸 남자친구는 힘들어도 참고 노력하면 문제가 해결된다고 생각한다. 유리 씨는 남자친구가 배려하는 모습을 보이지 않아 불만이고, 남자친구는 유리 씨가 힘든 것을 참고 노력하는 모습을 보이지 않아 불만이다. 찬찬히 살펴보면 양쪽 입장 모두 수긍이 간다.

이럴 때 어느 한쪽에게 가치관을 바꾸라거나, 무조건 한쪽을 이해하라고 할 수는 없다. 양쪽 다 노력하라는 말도 절반의 해답에 불과하다. 노력을 하고 싶어도 유리 씨의 체력은 그대로일 것이고, 남자친구가 유리 씨의 입장에 대한 설명을 듣고 배려하겠다고 마음을 먹더라도 마음 속 불만은 사라지지 않을 것이기 때문이다.

하지만 두 사람에게는 다른 점만이 아니라 같은 점도 있다. 말했듯이 각자 다른 관점으로나마 만남을 위해 노력하고 있다는 점이다. 유리 씨는 부족한 체력을 안배해서 최대한 남자친구와 즐거운 시간을 보내기 위해 애를 쓰고 있다. 남자친구는 불만이 해결되지 않아도 만남을 지속하기 위해 유리 씨가 화를 내면 언제나 한 발 물러선다. 그것을 서로가 깨닫는다면 싸움은 이미 끝난 것이나 마찬가지다. 같은 가치를 추구하고 있는 상대방이 고맙고 사랑스러우면 모를까, 더 이상 다툴 이유는 없기 때문이다.

유리 씨가 얼마나 만남을 기다리고 있는지, 매번 기다려 주는 남자친구가 얼마나 고마운지 충분히 표현한다면 남자친구는 원하는 것을 얻을 것이고 유리 씨를 더욱 사랑할 것이다. 남자친구가 유리 씨의 어려움을 이해하고 만남에서 힘든 점을 배려한다면 유리 씨도 원하는 것을 얻을 것이고 남자친구에게 감동과 고마움을 느낄 것이다.

이렇게 모두가 만족하는 길을 찾기 위해서는 서로의 문화와 추구하는 가치, 서로의 진정한 욕구를 충분히 알고 이해하는 것이 필수이다. 나와 모든 것이 다른 상대방에게 나를 잘 설명하고 이해시키기 위해서라도, 서로가 원하는 것이 무엇인지 질문하는 것은 중요하다.

서로를 공평하게
채워주기 위하여

 소연 씨는 남자친구와 데이트 공동 통장을 만들기로 마음먹었다. 남자친구와 똑같은 금액을 넣어놓고, 데이트에 들어가는 비용은 무조건 그 통장에서만 내는 것이다. 남자친구와 평등한 관계를 유지하고 서로가 믿고 의지하기 위해서는 꼭 필요한 일이고, 데이트 할 때 비용 부담이 줄어드니까 남자친구도 좋아하리라 생각했다.

하지만 소연 씨의 생각과 달리 남자친구는 반대하면서 소연 씨를 설득하려 했다. 공동 명의 통장은 운영하기도 어렵고, 한 사람 명의로 한다고 해도 함께 관리하려면 번거롭기는 똑같을 것 같다는 이야기였다. 그리고 그는 데이트 비용 지불은 자신이 하는 편이 모양새가 더 좋지 않겠냐고 덧붙였다.

소연 씨는 기대와 다른 반응에 풀이 죽었지만, 둘 모두를 위한 일이라는 생각에 결심을 바꾸지 않았다. 서로 비슷한 형편에, 함께 즐겁기 위해 만나는 것이니 같이 부담하는 것이 당연하다고 생각했다. 한국의 사회 분위기상 남들 눈이 신경 쓰인다면 비용은 같이 모으되 결제는 남자친구가 하도록 하자고 타협안도 내놓았다. 소연 씨의 열의에 결국 남자친구도 동의했다.

그렇게 통장을 운영한 지 몇 개월. 소연 씨는 통장을 만들기 정말 잘했다는 것은 물론, 자신의 남자 보는 눈이 틀리지 않았다는 뿌듯함까지 느끼고 있다.

처음에 망설였던 남자친구는 경제적 부담도 덜고 사회적 체면이 깎이지도 않아 만족했고 그녀에게 더 잘하였다. 서운한 일이 생겨도 그는 공동 통장을 떠올리며 그녀의 배려를 생각했고, 큰 싸움은 작은 싸움으로, 작은 싸움은 대화로 훈훈하게 풀어나가려고 노력했다. 소연 씨 역시 전보다 금전적 부담이 늘기는 했지만 어차피 데이트 비용 아껴봐야 서로를 위하는 것은 아니라는 생각으로 통장을 꾸려나갔다. 대신 둘은 데이트 비용을 좀 더 계획적으로 쓰게 되었고, 예산을 잘 관리한 결과 전에는 꿈만 꾸던 일본 여행까지 공동 통장으로 다녀올 수 있었다.

당연한 이야기지만, 통장을 성공적으로 운영함으로써 서로에 대한 확신이 생긴 둘은 결혼에 골인했다. 지금도 부부가 생활비 통장을 공동으로 운영하면서 똑 부러지게 가계를 꾸려나가고 있다. 그녀는 다른 커플에게도 공동 통장을 운영하기를 권하고 있다.

소연 씨는 데이트 공동 통장이라는 새로운 문화를 남자친구에게 전파하고자 했다. 중간에 어려움을 겪기는 했지만 결국 만족스러운 결과를 얻었다.

처음부터 그녀는 남자친구에게 이득이 되는 문화를 제시하였다. 그녀는 둘의 관계에 확신이 있었고 그것을 더 발전시키기 위해 공동 통장을 선택했다. 남자친구는 새로운 문화에 거리감이 있었고 현재 상황을 바꾸기 원치 않았다. 하지만 공동 통장이 둘의 관계에, 자신에게 도움이 된다는 것을 알았기 때문에 결국 받아들였다. 그 과정에서 소연 씨는 남자친구를 설득하기 위해 결제를 맡기는 타협안도 제시했다.

여기까지만 보면 소연 씨가 처음부터 끝까지 양보만 한 것처럼 보인다. 하지만 중요한 것은 그녀가 포기하고 양보한 만큼 남자친구가 이후에 소연 씨의 욕구를 더 채워주려고 했다는 점이다. 그녀의 사람을 보는 눈은 옳았다. 서로가 원하는 욕구를 채워주고 둘이 공평하게 주고받는 것이 좋은 관계다. 남자친구는 존중과 사랑을 받았다고 생각했기에 그녀가 바라는 존중과 사랑을 제공하려고 노력했다. 그렇게 해서 두 사람은 서로에 대한 믿음과 확신을 가졌고 결혼에 다다를 수 있었던 것이다.

누구나 소연 씨처럼 현명하게 행동하는 것은 아니다. 사람의 욕구는 끝이 없고, 각각의 욕구에 대한 평가도 다르다. 내 욕구는 꼭 채워야 할 중요한 욕구이고, 상대의 욕구는 쓸데없는 것이라고 생각하기도 한다. 내가 해준 것은 크게 여기고 상대에게 받은 것은 작게 여기면서 상대가 더 해주어야 한다고 요구하는 이들도 있다. 이런 태도는 종종 좋지 않은 결말로 이어진다. 연희 씨의 사례를 보자.

연희 씨는 명문대를 나온 전문직 엘리트에 상당한 미인이다. 부모님과 형제들도 모두 공무원이나 사회적으로 인정받는 직업을 가지고 있다. 다만 그녀에게 한 가지 부족한 것이 있다면 돈이었다. 그녀의 직업은 전문성을 요하기는 하지만 연봉이 그렇게 높지 않았다. 주위에서는 그녀를 인정해주지만 연희 씨 자신은 경제적 여유가 아쉬웠다.

반면 그녀의 남자친구는 집안 형편이 어려워 대학을 나오지 못했다. 하지만 그는 프로그래밍을 배워 유능한 개발자가 되었고 지금은 잘나가는 IT회사에서 남들이 부러워할 정도의 연봉을 받고 있다.

남자친구는 연희 씨를 공주처럼 떠받들어주었다. 어디를 가든 데리러 왔다가 바래다주었고, 데이트 비용도 전부 부담했다. 기념일에는 고가의 선물을 준비했다. 친구들은 연희 씨를 부러워하면서도, 너 만한 여자 만나려면 그 정도는 해야 한다고 얘기하곤 했다. 연희 씨도 그 말이 맞다고 생각했다. 자기와 조건이 비슷한 친구들과 비교하면 오히려 부족한 느낌이 들 때도 있어, 더 좋은 선물을 받고 더 좋은 가게에서 데이트하고 싶은 바람을 우회적으로 남자친구에게 전하곤 했다.

　처음에는 남자친구도 흔쾌히 연희 씨의 바람을 들어주었다. 하지만 시간이 지나면서 점점 꺼리는 기색을 보이더니 결국 불만을 말해왔다. 연희 씨도 데이트 비용을 좀 부담해야 하지 않느냐는 것이었다.

　두 사람은 그날 말다툼을 벌였다. 연희 씨가 남자친구보다 조건이 나은 만큼 남자친구가 연희 씨에게 더 잘해야 한다는 것이 그녀의 생각이었다. 하지만 남자친구는 그렇게 생각하지 않았다. 둘은 서로 된장녀니 쪼잔하다느니 자극적인 말을 주고받았고, 머리 끝까지 화가 난 연희 씨는 먼저 자리를 뛰쳐나오고 말았다.

　친구들은 연희 씨를 달래주면서, 태도가 바뀌는 걸 보니 마음이 변한 거 아니냐고 남자친구의 흠을 잡았다. 깨져도 넌 아쉬울 거 없다고 신경 쓰지 말라는 말도 했다. 기분은 좀 나아졌지만 친구들 앞에서 제대로 대접 못 받는 여자로 보인 거 같아 한편으론 더 자존심이 상했다.

　약간의 냉전 기간을 거친 후 남자친구는 다시 타협안을 제시했지만 연희 씨는 태도를 바꾸지 않았다. 결국 두 사람은 깨지고 말았다.

　시간이 흐르고 왠지 아쉬워진 마음에 남자친구의 SNS를 뒤져보던 연희 씨는 그에게 새 연인이 생겼다는 것을 알았다. 새 여자친구는 어디로 보나 연희 씨보다 조건이 못해 보였고, 연희 씨를 된장녀 취급했던 남자친구는 우습게도 그녀에게 아낌없이 선물 공세를 하고 있었다. 다만 그녀는 사소한 일에도 고맙다는 말을 남발하고, 연희 씨 눈에는 자존심이 없어 보일 정도로 감정 표현을 많이 하는 타입이었다.

얼마 후 남자친구는 새 여자친구와 결혼을 했다. 연희 씨는 자신이 뭐가 부족했던 거냐고 친구들에게 물었지만 예전에 연희 씨의 편을 들던 친구들은 말을 돌릴 뿐이었다.

연희 씨는 미모, 학벌, 가정환경 등을 근거로 자기 자신이 커다란 가치를 가지고 있다고 평가했다. 동시에 남자친구의 가치는 낮게 평가했다. 또한 가치가 높은 자신이 가치가 낮은 남자친구와 사귀어주는 것만으로 상대가 원하는 것을 충분히 채워주고 있다고 믿었다. 이 생각은 '그러니까 남자친구가 그만큼 나의 욕구를 채워줘야 한다'는 생각으로 이어졌다. 자신은 남자친구를 위해 아무 행동도 하지 않으면서, 이미 할 몫을 다 했으니 받는 것이 당연하다고 생각한 것이다.

충분히 아파하고 있을 그녀에게는 미안하지만 이는 틀린 생각이고 잘못된 행동이다. 연애하는 두 사람은 똑같이 소중한 존재이다. 조건을 토대로 상대의 가치를 측정하고 이를 바탕으로 관계를 규정한다면, 이익을 원하는 사람들끼리의 동업과 다를 게 없다. 서로의 조건이 달라지거나 더 나은 조건을 위해서라면 서로의 관계를 쉽게 끊을 수 있다는 이야기도 된다. 이해타산적이고 무미건조하다.

물론 사람이다 보니 세상의 기준을 신경 쓰거나 남과 나를 비교하게 되는 일도 있다. '내가 너무 아까운 거 아닌가' 싶은 생각에 괜히

무리한 요구를 해보거나 '나 같은 게 이 사람과 사귀어도 될까' 하는 생각이 들어서 뭐든지 해주려고만 하기도 한다.

그렇지만 진심을 가지고 상대를 대하다 보면 사랑하는 사이에서는 그런 등급 매기기가 의미가 없다는 것을 자연스럽게 알게 된다. 아무리 잘난 사람이라도 상대가 채워주어야 할 부분이 있다. 사회적 조건이 모자란다고 해도 상대를 사랑하는 마음까지 모자라다고 할 수는 없다. 그것을 깨닫고 나면 어느 샌가 '우월하다', '모자란다'는 생각보다는 서로가 서로를 채워주고 의지할 수 있다는 믿음이 자라난다.

이런 믿음은 나와 상대가 근본적으로 동등하다는 생각이 있어야 쌓이는 법이다. 내가 내심 상대의 가치를 평가절하한다면 상대가 과연 그것을 모를까? 남남 사이에서도 자신을 깔보거나 우습게 보는 상대는 귀신같이 눈치채는 것이 사람이다. 아무리 둔해도 오랫동안 만나다 보면 점점 서로를 알게 되고, 상대가 자신을 존중하는지 아닌지도 짐작이 간다. 이유는 모르더라도 존중받지 못한다는 것을 느끼면 방어적이 될 것이다. 이때 서로의 욕구가 충돌한다면? 상대방은 자신을 지키기 위해 더 필사적으로 싸움에 임할 것이다.

연희 씨는 처음부터 서로의 가치가 다르다고 여겼고 계속 요구만 함으로써 그 생각을 드러냈다. 남자친구가 이를 눈치챈 순간, 빠르든 늦든 싸움은 일어날 수밖에 없었다. 싸움이 일어났을 때가 자기 생각을 돌아볼 기회였지만 연희 씨는 그 기회를 살리지 못했다.

그녀의 오판은 그녀 자신의 책임이 크지만, 작은 이유가 하나 더 있다. 바로 시종일관 그녀 편만 들었던 친구들이다.

둘 사이의 문제를 가장 잘 아는 사람은 연희 씨 본인이다. 문제를 해결하고 싶은 것도 연희 씨이다. 반면 친구들은 연희 씨 커플의 문제보다는 연희 씨와의 우정에 신경을 쓰고 있다. 연희 씨의 기분을 상하게 할 위험을 무릅쓰고 잘못을 지적하기 보다는 친구로서 연희 씨를 위로하려고 했을 것이다. 한쪽 말만 들어서 상황을 제대로 파악하지 못했을 수도 있고 애초에 연희 씨와 가치관이 비슷했을 수도 있다. 뭐가 되었든 간에 서로가 원하는 것을 함께 찾아가야 할 싸움에서 일방적으로 한쪽 편만 들어주는 사람의 말에 귀 기울이면 문제를 해결할 의욕과 판단력을 잃어버리기 쉽다. 서로가 원하는 것에만 집중해야 할 순간에 괜히 남들에게 어떻게 보이느냐를 신경 쓰게 되기도 한다.

사랑싸움에 제삼자가 함부로 끼어들기 어려운 이유는 바로 이러한 점 때문이다. 당사자들끼리 충분히 해결할만한 상황도 비틀어 버린다. 동등한 욕구가 충돌해서 생긴 문제에 다른 사람의 의견이 들어가면 욕구 사이에 순위가 생기고 이기는 사람과 지는 사람이 생긴다. 서로가 이해해야 하는 게임이 누군가 한쪽이 이겨야 하는 게임으로 바뀌고 만다.

그래서 싸우고 나서 친구들과 이야기를 나눌 때는 화난 감정을 풀어버리고 상처받은 마음을 위로받는 것에만 집중하는 것이 좋다. 그리고 감정을 추스른 다음에는 어디까지나 나와 상대방 양쪽의 입장에서 문제를 냉철하게 생각해야 한다. 결국 문제를 해결하는 주체는 나와 상대방이라는 것을 잊지 말아야 한다.

사람들의 욕구는 다양하다. 앞에서 다루었던 몰입, 쾌락, 나눔 속에도 수많은 욕구가 들어가 있고, 자신이 어떤 사랑을 추구하느냐에 따라 욕구에 대한 생각도, 이루기 위한 노력의 정도도 달라진다. 상대방에게 무언가를 요구하는 것은 상대방이 그것을 최우선적으로 생각해주길 바라는 이유에서다. 그 속엔 사랑받고 싶은 속마음이 숨어있을 것이고. 이것도 하나의 욕구라고 볼 수 있다.

서로의 욕구를 잘 채워주기 위해서는 상대방의 욕구를 자신의 것만큼 중요하고 가치 있게 여기는 것이 첫걸음이다. 앞서 나온 소연 씨의 사례에서 남자친구는 '남자로서 체면을 지키고 싶다'는 욕구를 드러냈다. 평등한 관계를 바라는 소연 씨의 욕구와는 다소 상충되는 것이었지만, 소연 씨는 남자친구에게 결제를 맡김으로써 그 욕구를 채워주었다. 소연 씨가 이 욕구를 '남녀차별적인 생각에서 비롯한 쓸데없는 욕구'라고 묵살했다면 어땠을까? 소연 씨의 뜻대로 공동통장을 운영했다고 하더라도 그 결과는 달라졌을 것이다.

내 마음을
표현하기 전에

후고구려의 왕이었던 궁예는 다른 사람의 마음을 들여다본다는 관심법이라는 굉장한 재주를 익혔다고 주장했다. 그는 그 능력으로 흑심을 품은 이들을 찾아냈다고 주장하며 많은 사람들을 처벌하였다. 하지만 실제로 궁예는 그런 재주가 없었다. 죄없는 사람들만 억울하게 처벌받았을 뿐이다.

다른 사람의 속마음을 아는 것은 굉장히 어려운 일이다. 심리학에서도 인구통계학적 증거를 기반으로 경향성을 파악하는 게 전부다.

연인들은 서로의 속마음을 거의 다 안다고 자부한다. 상대방이 자신에게만큼은 있는 그대로의 모습을 보여준다고 생각한다. 굳이 싸우지 않아도 무슨 생각을 하고 있는지 충분히 알 수 있다고. 하지만 과연 모든 연인이 모든 것을 솔직하게 보여주고 있을까? 비밀은 하나도 없을까?

흔히 일본 사람들은 '혼네(속마음)'와 '다테마에(겉마음)'가 달라 속을 알 수 없다는 이야기를 하지만, 우리나라 사람도 의외로 속마음을 잘 보이지 않는다. 우리나라 사람들이 대부분 내향적이기 때문이기도 하고, 상명하복식 군대 문화와 엄격한 유교 문화로 인하여 속마음을 내비치는 것을 꺼리기 때문이다. 심지어 연인끼리도, 부부사이에서도 속마음을 꾹꾹 감추고 상대방을 대한다. 문제는 이 또한 싸움의 원인이 될 수 있다는 점이다.

내 마음을 몰라준다고? 상대방이 진실하지 않다고? 서로가 비밀을 이야기할 수 없다고? 숨겨진 마음을 이야기하지 않았기 때문에 오해와 불신이 생기고 믿고 의지할 수가 없는 것이다. 정말 어렵고 힘든 일이 생겼을 때 그 속상함을 연인보다 친구에게 털어놓는 사람들이 많다. 왜일까? 연인에게는 늘 좋은 모습만 보여주고 싶었거나, 친구와 더 오래 알고 지냈기 때문일 수도 있다. 하지만 문제는 이런 이들이 싸움만 났다 하면 꼭 "내가 얼마나 힘든지 알아?" "내 사정은 하나도 모르면서!" "왜 그렇게 눈치가 없어?"라며 밑도 끝도 없이 화를 낸다는 것이다.

 주하 씨는 화병이 나서 병원을 다니고 있다.

그녀가 남자친구를 만난 것은 3년 전이다. 직장 선후배 사이로 만나 비밀연애로 출발했지만, 회사가 사내연애를 허용하는 분위기가 아니라 그 사실을 밝힐 수 없었다. 남자친구는 유독 젊은 여자 동료들에게 인기가 많아 주하 씨는 늘 좌불안석이었다.

두 사람은 그녀가 이직을 하고서야 연인 관계임을 주변에 밝힐 수 있었다. 하지만 그 뒤에도 문제는 남아 있었다. 프로포즈를 받아도 이미 몇 번은 받았어야 했는데 남자친구는 별 말이 없다. 그녀와 남자친구는 나이가 적은 편이 아니다. 이게 마지막 연애가 아닐까 하는 두려움도 있다. 그에게 직접 물어볼 수도 없고. 괜스레 화만 나고 우울하고 머리가 복잡하다. 끝내 주하 씨는 화병을 얻고 말았다.

그녀는 남자친구가 자신의 속마음을 너무 몰라준다고 하소연한다. 자신이 이렇게 될 때까지 그는 도대체 뭘 했을까? 화병이 깊어갈수록 남자친구와 엉뚱한 이유로 싸우는 횟수도 늘어갔다.

누구나 눈치 없는 연인 때문에 한번쯤 화가 난 적이 있을 것이다. 다른 몇몇 나라에서도 비슷한 증세가 있지만 우리나라의 '화병'만큼 독특한 병은 없다. 참고 참다가 정신적인 질환과 육체적인 증상마저 가져오는 병이다. 선천적으로 내향적인 성격이거나 사회적으로 발언권을 가지지 못해 속마음을 털어놓지 못하는 사람들이 종종 이 고통을 겪는다. 마음을 털어놓지 못해 병에 걸린다니 이 얼마나 불쌍하면서도 어이가 없는 일일까. 화병을 안고 고민할 것이 아니라 그냥 주하 씨가 먼저 프로포즈를 하면 안 될까? 하지만 우리나라 사람들은 대부분 고개를 절레절레 흔들 것이다.

일단 프로포즈는 남자가 해야 한다는 문화 탓이 크다. 분위기 좋은 레스토랑에서 잔잔한 음악을 깔아 놓고 반지와 함께 사랑을 속삭이며 청혼하는 남자. 그리고 부끄러운 듯 받아들이는 여자. 드라마나 영화, 소설, 만화에서 마치 약속이라도 한 듯 한결같이 연출하는 장면이다. 결혼을 하기 전에 이 낭만적인 이벤트를 꼭 하는 것이 많은 연인들의 로망이다. 그러나 이렇게 '남자가 프로포즈를 하는 것이 당연하다'는 인식은, 여자가 먼저 프로포즈를 한다는 건 남자가 여자만큼 결혼할 마음이 없거나 여자가 충분히 사랑받지 못하는 것이라는 선입견으로 이어진다.

거절당하는 입장이 되고 싶지 않다는 심리도 중요하다. 프로포즈를 하는 사람은 상대방이 받아들이면 본전이요, 거절당하면 마음의 상처를 입을 위험도 있다. 그런데 그녀더러 프로포즈를 하라고? 다른 사람이면 모를까, 가뜩이나 상대가 결혼할 마음이 없는 것이 아닌가 불안해하는 그녀에게는 아무래도 어려워 보인다.

한 가지 더 생각해보자. 주하 씨가 프로포즈를 하면 남자친구는 그녀의 마음이 무엇인지 알 수 있을까?

"당연하지. 프로포즈를 한다는 것은 결혼할 마음이 있다는 건데."

당연한 것을 왜 물어보는지 의아해하는 사람들이 많을 것이다. 그런데 그녀의 고민을 돌이켜보자. 그녀는 프로포즈를 받고 싶어 하는가, 아니면 결혼하고 싶어 하는가? 그녀는 나이도 있고 결혼에 대한 욕망이 있어 보인다. 그렇다면 왜 그동안 남자친구와 결혼이나 미래 계획을 이야기하지 않았을까? 둘이서 충분히 미래를 이야기했다면 남자친구도 확신을 갖고 프로포즈를 하거나 아니면 프로포즈를 하지 않는 이유를 그녀에게 설명하지 않았을까? 하지만 사연 속에서 주하 씨가 남자친구에게 자신의 뜻을 전달했다는 이야기는 나오지 않는다.

그녀가 자신이 원하는 것에 관해 깊이 질문해보았다면, 단순히 '결혼하고 싶다'는 욕구 외에 다른 것도 찾아낼 수 있었을 것이다.

"남자친구에게 강요해서 결혼하고 싶지 않다. 결혼하고 싶을 만큼 나를 사랑하는지 프로포즈를 통해서 확인하고 싶다."

이것이 주하 씨의 속마음이다.

하지만 결혼하고 싶다는 욕구와 마찬가지로, '상대의 마음을 확인하고 싶다'는 욕구 역시 속에만 품고 있어서는 이뤄질 수 없다. 남자친구가 아무 말도 하지 않는다면 그가 왜 프로포즈를 하지 않는지는 알 수 없다. 결혼할 마음이 없을 수도 있고, 결혼하고픈 마음은 있지만 결혼 준비가 되어 있지 않아 프로포즈를 하지 않는 것일 수도 있다. 지금의 관계가 만족스러워 아무 생각이 없을 수도 있다. '프로포즈를 한다/하지 않는다'만 가지고는 결코 속마음을 알 수 없다.

자신의 속마음도 명확히 전달하지 않은 상태에서 프로포즈로 남자친구의 속마음을 확인하려 하니 그녀의 마음이 답답할 수밖에 없다. 심지어 싸울 때도 결혼에 관한 것이 아니라 엉뚱한 것으로 싸우고 있다고 했다. 속마음을 솔직히 전달해야 한다. 싸움을 통해서라도 좋다. 결혼하고 싶은 마음을 그저 속에 꽁꽁 가두고 있으면 아무도 알아주지 않는다. 화병으로 몸만 더 망가질 것이다.

"속마음을 전하기만 하면 무조건 문제가 해결되나요?"

반쯤은 억울한 마음으로 묻는 이들도 있다. 물론 그렇지는 않다. 사랑하는 사람이라고 해서 반드시 내 요구를 이루어주어야 하는 것은 아니다. 자신이 명문대 재원이라는 이유로 무리한 요구를 했던 연희 씨와 같은 사람이라면, 아무리 사랑하는 연인이라고 해도 그 욕구를 들어주고 싶지 않을 것이다.

내 욕구를 전하고, 그것을 이루어달라고 요구하기 전에 꼭 짚어보아야 할 원칙을 살펴보자.

① 내 욕구를 상대방이 이루어줄 수 있는가

세상에는 연인에게 불가능한 요구를 하는 사람들이 생각 외로 많다. 앞의 사례 중에 근거 없는 의심을 하면서 '내가 믿을 수 있게 행동하라'고 요구하던 남자친구를 떠올려 보라. 이런 욕구를 채워달라고 요구해봤자 아무런 이득도 없이 서로에게 상처만 남길 뿐이다.

얼핏 가능해 보이는 요구라도 연인의 사정에 따라서는 무리한 것일 수 있다. 경제사정이 빠듯한 남자친구에게 비싼 선물을 요구한다든가, 일이 무척 바쁜 사람에게 문자 답변을 바로바로 해달라고 한다든가. 몸이 약한 유리 씨에게 약속시간 지키라고 잔소리를 했던 남자친구도 그렇다. 보통 사람에게라면 지극히 당연하고 상식적인 요구지만, 유리 씨에게만은 불가능한 일이었던 것이다.

무리한 요구를 하는 사람은 상대방의 역량과 사정을 전혀 이해하지 못하고 있을 때가 많다. 내 욕구가 가능한 것인지 알려면 나 자신과 상대방을 주의 깊게 살펴야 한다. 욕구를 들여다보는 것이 문제를 해결하는 첫걸음이 되는 이유 중의 하나다.

또한 욕구가 무한대로 커지는 것을 스스로 경계해야 한다. 하나하나는 사소하고 이루기 쉬운 욕구라도, 계속 쌓이면 언젠가 상대의 역량을 넘어선다. 풍선이 지나치게 부풀면 뻥 터지듯이 욕구가 지나치게 커져버리면 관계는 깨져버린다. 그리고 한번 터진 풍선은 아무리 잘 붙인다 해도 풍선으로서의 기능을 발휘할 수 없다. 다행히 헤어지지는 않았다고 하더라도, 이미 상대의 요구가 부담스럽다고 느끼게 되어버린 커플은 어색한 분위기에서 처음부터 관계를 다시 쌓아올려야 한다.

② 내 욕구가 관계 유지에 도움이 되는가

남자친구에게 명품백을 사달라고 했다가 싸움이 나는 일이 흔하다. 비싼 선물을 요구한 것부터가 문제라고 생각하겠지만, 반드시 가격의 문제는 아니다. "내가 원하는 것이 무엇인가?"라는 질문을 좀 더 자세하게 해보길 권한다. "나는 왜 그것을 원할까?" 그 가방이 정말 갖고 싶어서, 친구가 애인에게 선물을 받았으니까 같은 답이 나왔다면 그것은 나의 개인적인 욕구 혹은 과시용 욕구다. 그런 욕구를 이루어봤자 남자친구에겐 좋을 것이 하나도 없다.

상대방을 닦달해서 선물을 받아내면 당장은 기쁠 것이다. 하지만 그 과정은 어떨까? 명백히 당황하거나 싫어하는 연인의 얼굴을 보는 것이 기분 좋을 리가 없다. 그럼에도 결과물만 있으면 된다고 생각하고 나 혼자의 욕구를 사랑으로 그럴싸하게 포장하는 것은 상대방을 이용하는 일이다. 내가 바라고, 상대방이 바라는 것은 서로가 관계를 잘 유지하면서 사랑하는 것이고, 그것을 위해 서로에게 원하는 것을 전하는 것임을 잊지 말아야 한다.

선물을 바라는 것은 나쁜 것이 아니다. 선물을 주고받는 것은 관계 유지에 크게 도움이 되는 행동이고, 남자친구 역시 여자친구가 좋아하는 선물을 해주고 뿌듯함을 느끼고 싶은 욕구가 있다. 내 남자친구가 경제적으로 넉넉하고, 선물의 가격도 마음을 표현하는 방법이 될 수 있다는 가치관을 갖고 있다면 명품백이든 뭐든 나쁠것 없다. 그런데 선물의 금액이 커지는 게 무의미하다고 여긴다면 굳이 명품백에 집착할 이유가 없다. '선물로 사랑을 키워간다'는 욕구의 본질로 돌아간다면, 그리고 상대방에게 평소 주의가 깊었다면 상대방의 역량 안에서 사랑을 유지하는 데 도움이 되는 선물을 현명하게 고를 수 있을 것이다.

③ 내 욕구가 이루어졌다면 상대방의 욕구도 이루어졌는가

많은 연인이 상대방을 위해서 희생하는 것이 사랑이라고 생각한다. 로맨스 소설에서는 "너만 있으면 돼. 아무 것도 바라지 않아" 같은 대사가 자주 나온다. 그러나 이런 환상은 내가 원하던 것을 상대방에게서 얻을 수 없다는 것을 깨닫는 순간 깨지고, 싸우면서 또 깨지고, 후회와 원망만 남긴다.

사랑은 서로 욕구를 채워주는 행위이다. 내 욕구가 이뤄지길 원한다면 상대방의 욕구도 충족시켜주어야 한다. 이를 위해서는 서로의 욕구에 귀를 기울이고, 내 기준이 아니라 상대의 기준으로 서로를 이해해야 한다.

욕구는 사람마다 다르다. 어떤 사람은 자주 채워주어야 하고, 어떤 사람은 그 순간만 채워주면 오랫동안 만족한다. 내 욕구의 빈 공간이 상대의 욕구에 비해 너무 큰 것 같으면 잠시 참고 작은 것부터 요구해야 한다. 이 과정에서 내 욕구가 조절되어 작은 것만으로도 만족하게 될 수도 있다. 서로의 욕구를 채우는 과정도 싸움과 마찬가지로 조율의 과정이다.

덧붙일 것은 이 과정이 욕구를 1대1로 교환하는 것과는 다르다는 것이다. 내 욕구의 대가로 상대의 욕구를 지불하는 것이 아니라 나도 상대를 채워주고, 상대도 나를 채워주고 있는 것이다. 내가 상대의 욕구를 채워주었느냐 아니냐를 떠나서, 나와 생각이 다르고 문화가 다른 상대방이 나를 이해하고 내 요구를 들어준 것은 고마워해야 할 일이다. 그 감사는 적극적으로 표현할수록 좋다. 그것만으로 서로에게 기쁨이 되고, 계속해서 더 큰 욕구를 들어주고 싶은 마음을 불러일으킬 것이다.

이쯤되면 슬슬 머리가 복잡해지는 사람도 있을 것이다.

"뭔가 원할 때마다 이걸 전부 고려해야 하나요?"

그렇지는 않다. 사랑의 형태는 다양하고, 모든 연인에게는 각각의 개성과 사정이 있다. 원칙을 지키고 싶지만 그러지 못할 때도 있을 것이다. 그래도 괜찮다. 상대를 잘 구슬려서 원하는 것을 얻으려는 게 아니라, 상대와 함께 더 나은 미래를 향하려는 마음이 있다면 잠시 꼬이더라도 결국은 좋은 방향으로 흘러가게 되어 있다. 그 마음을 갖고 계속 나에게, 그리고 상대에게 질문을 던져 보라.

"원하는 것이 무엇인가요?"

행복한 관계를 위한
사랑의 질문 공식,
HOWH = HR

'원하는 것이 무엇인가요?'는 싸움 속 문제를 찾아내서 해결해주는 근본적인 질문이다. 하지만 이 질문을 통해 해결책에 도달하는 데에는 연습이 필요하다. 서툰 연인들은 눈앞의 욕구나 당장의 감정에 정신이 팔려 자신이 본질적으로 원하는 것을 놓치기도 하고, 원하는 것을 어떻게 조율해나갈지 갈피를 잡지 못할 수 있다.

그럴 때 도움이 되는 좀 더 상세한 질문 공식을 소개한다. 사랑의 질문 공식 'HOWH=HR'은 나와 상대방의 마음을 더욱 구체적으로 파악하는 것은 물론 이후의 목표를 세우고 실천하는 것까지 도와주는 간단하고 효과적인 단계별 공식이다.

H는 How(어떻게)를 의미한다. 문제가 생겼을 때, 현재 상황이 '어떻게' 일어났는지 파악하는 것이다.

O는 Outcome(목표)이다. 현재 상황에서 내가 명확하게 원하는 '목표'가 무엇인지 찾는 것이다.

W는 Why(왜)이다. 목표를 '왜' 원하는지 명확한 의미를 부여하는 것이다.

H는 How(어떻게)이다. 목표를 이루기 위해 '어떻게' 행동해야 하는지 방법을 찾는 것이다.

이 공식을 따라 차례대로 질문을 하는 사이, 우리는 우리가 정말 원하는 것과 문제를 해결할 방법을 저절로 찾아내게 된다. 어려운 관계를 쉽게 풀어나갈 수 있고, 이 모든 흐름의 결과는 모두가 그토록 바라는 행복한 관계, HR(Happy Relation)로 향한다.

이제까지의 우리 모습을 되돌아보자. 문제가 생겼을 때 나와 상대방에게 어떤 질문을 했던가? 아마 '왜(Why) 이런 일이 생긴 걸까?'라고 물었던 사람이 많을 것이다. 하지만 '왜?'라는 질문은 과거의 원인을 찾는 질문이지 앞으로의 해결방법을 찾는 질문이 아니다. 문제를 책임질 누군가를 찾거나, 자신을 비난하게 되는 부정적인 질문이다. 상황을 부정적으로 인식하는 것은 문제를 더 심각하게 만든다. 이런 질문은 해결에 도움을 주기보다는 오히려 자신을 방어적으로 만들고 관계를 불편하게 할 뿐이다.

그렇다면 HOWH=HR 공식을 사용해서 질문하면 어떨까?

HOWH=HR은 '어떻게'로 시작하는 질문이다. 습관처럼 하던 '왜' 대신에 어떻게, 어떤 일이 벌어져서, 어쩌다가 등 'How'를 통해서 문제 상황을 다양하게 표현해보자. 자신에 대한 질문이든 상대에 대한 질문이든 상관없다. 이유를 따지는 것이 아니라 과정을 파악하는 질문이기에, 누구를 대상으로 하든 긍정적으로 받아들이고 긍정적으로 답변할 수 있다.

해결을 위한 첫 번째 관문은 명확한 문제 인식이다. '어떻게'는 어떤 상황에서 문제가 발생하였는지, 그때 나와 상대방은 어떤 태도를 보이고 어떻게 대처했는지, 어떤 감정이 들었는지 다양한 각도에서 파악하도록 도와준다.

두 번째로 Outcome, 두 사람이 함께 달성할 '목표'를 찾는다. 단순히 '앞으로 싸움이 일어나지 않도록 하기' 같이 모호한 목표는 소용이 없다. 싸움의 원인이 된 문제를 해결하고 서로가 원하는 것을 충족시킬 수 있는 목표가 필요하다. 앞서 How의 질문을 통하여 과거의 문제를 파악했다면, 그 상황에서 나와 상대방이 각각 무엇을 바랐는지도 비교적 명확해졌을 것이다. 그 욕구를 목표로 구체화해나가는 것이다.

좋은 목표는 다음과 같은 5가지 조건을 갖고 있다.

첫째, 긍정적인 목표.

상대방이 약속에 매번 늦는 문제를 해결하고자 한다면, '지각 금지'와 같은 부정적인 문장보다는 '약속 시간 10분 전에 도착하기' 같은 긍정적인 문장으로 목표를 만드는 것이 좋다. '안 된다' '하지 않는다'와 같은 부정적인 표현은 서로의 행동을 제한하고 통제한다는 느낌을 주고, 약속을 지켜도 성취감을 느끼기 어렵다. 반면 긍정적인 목표는 약속을 지킬 때마다 성취감을 느끼며 의욕을 새롭게 할 수 있다. 상대를 칭찬하고 격려하기도 쉽다. 목표를 이루는 데 서로의 지지와 격려는 필수다.

둘째, 나 스스로 할 수 있는 목표.

불가능하거나 너무 어려운 목표를 세우는 것은 다음 싸움을 예약하는 행동일 뿐이다. 또한 나는 아무것도 하지 않고 상대방만 노력해야 하는 목표 역시 관계의 주도권을 상대에게 넘겨주는 어리석은 목표다. 목표를 정할 때는 내가 할 수 있는 것을 적극적으로 찾아야 한다. 남이 해결해주기만을 기다리면 무력하게 속 썩는 일만 남을 뿐이다. 설령 상대방이 중심이 되는 목표라도, '상대는 약속 시간 10분 전에 도착하고, 나는 상대가 일찍 오도록 돕기' 같은 식으로 내 할일을 만들 수 있다.

셋째, 실천한 결과를 알 수 있는 목표.

목표를 정하고 실천한 후에 목표가 이루어졌는지, 더 노력해야 하는지를 뚜렷이 알 수 있는 것이 좋다. '좋은 관계 만들기' 같이 추상적인 목표를 세우면 좋은 관계가 되었는지 아닌지, 무엇을 보고 이를 판단해야 할지 알 길이 없다. '매일 저녁 10시 이후에 연인과 통화하기'와 같은 목표는 지켜졌는지 서로가 바로 알 수 있고, 지켜지지 않았을 때 더 잘 지킬 방법을 논의하거나 목표를 보완하기도 쉽다.

넷째, 결과가 구체적인 목표.

목표를 달성했을 때의 결과가 영화를 보듯이 구체적이고 명확하게 그려지는 것이 좋은 목표다. 약속장소에 일찍 도착하자는 목표를 달성하면 기분 좋게 데이트를 시작할 수 있다. 매일 밤 통화를 하면 정도 깊어지고 연인의 잘 자라는 인사로 하루를 마칠 수 있다. 이렇게 좋은 결과가 생생하게 그려지면 목표를 위해 노력할 의욕이 높아진다. 당연히 문제가 해결될 가능성도 높아질 것이다.

다섯째, 단문으로 명확하게 표현된 목표.

목표는 간단한 문장으로 명확하게 표현해야 한다. 원하는 것을 짧고 간단하게 표현하지 못했다면 좋은 방향 설정이 아니다. 한 번 봐도 기억할 수 있고 구호처럼 내 마음을 움직일 수 있을 정도로 간결해야 한다.

세 번째 질문은 '왜(Why) 그 목표를 달성하려 하는가?'이다. 목표를 정한 후 행동해야 할 이유를 분명히 하는 것이다. 처음에는 '왜'를 묻지 말라고 했는데, 문제의 책임을 찾으려는 '왜'와 목표의 이유를 찾으려는 '왜'는 비슷해 보이지만 전혀 차원이 다른 질문이다. 요리를 할 때 재료를 순서에 따라 넣어야 맛이 나는 것처럼 '왜?'는 상황이 아닌 목표 뒤에 따라갈 때 힘을 발휘한다. 목표를 세우고 그 목표를 이루어야 할 이유까지 확인한다면 결심은 흔들리지 않고 확고한 추진력을 얻게 된다. 인간은 감정적인 존재이기 때문에, 행동에 의미를 찾으면 한층 긍정적인 의지를 이끌어낼 수 있다.

네 번째는 '어떻게(How) 할 것인가?'이다. 목표를 이루기 위한 구체적인 방법을 탐색하는 단계이다. 최고의 결과가 나오기 위해서는 최선의 선택이 필요하다. 우선 목적을 이루기 위한 여러 가지 방법들을 하나하나 나열해보자. 남자친구가 계속 약속시간을 어겨서 '10분 일찍 올 수 있도록 돕겠다'는 계획을 세웠다면, 이를 위해 다양한 계획을 세워볼 수 있다. 아침에 약속을 다시 한 번 상기시키는 문자를 보내는 방법, 나를 위해 시간 맞춰 와주는 것이 얼마나 기쁘고 행복한지 알려주는 방법, 시간을 잘 지키는 노하우를 알려주는 방법, 일찍 오지 않으면 화를 내는 방법 등 무엇이든 좋다. 최대한 효과적인 방법을 선택하되 목적을 이룰 때까지 끈기 있게, 꾸준히 실천해야 한다. 또한 다양한 방법을 시도해보겠다는 유연함이 필요하다. 꼭 이 방법으로만 해야 한다고 정해진 것은 없다. 중요한 것은 목표를 이루는 데 무엇이 효과적인가다.

HOWH는 어떤 관계 문제를 해결할 때에든 편리하게 사용할 수 있는, 가장 기초가 되는 질문법이자 행동 계획이다. 설령 관계를 힘들게 만드는 어려운 일이나 감정적 고통이 생겨나더라도, 위와 같은 질문을 계속 한다면 행복한 관계(Happy Relation)를 만들고, 나아가 행복한 결말(Happy Result)에 도달할 것이다.

행복한 관계를 유지하고 싶은가? 지금 이 사람과 헤어지고 싶지 않은가? 명확한 질문을 삶에 적용하자. 이를 순서대로 명확하게 실천할 수 있다면 관계에 얽힌 많은 문제를 쉽게 해결할 수 있을 것이다.

사랑은 무엇보다도
자신을 위한 선물이다

-장 아누이

Fourth Love Therapy

PART 4

함께 행복해지는 사랑싸움의 기술 6단계

좋은 싸움을 위해서는 기술을 몸에 익혀야 한다.
싸우는 기술을 준비한 사람들은 현명하게 위기를 넘길 수 있다.

The first duty of love is to listen.

사랑의 첫 번째 의무는 상대방에 귀 기울이는 것이다.

- 폴 틸리히

사람들이 싸움을 싫어하는 것은 싸움의 과정에서 계속 상처를 받기 때문이다. 좋은 의도로 문제를 해결하려고 해도 감정과 이성은 우리 생각대로 움직여주지 않는다. 싸움의 에너지에 휩쓸려 분노와 슬픔에 끌려다니고, 그 뒤에는 후회만 가득 남는다. 서로를 진심으로 생각하는 한 쌍이라도 이미 황금사과를 손에 들어버린 이상 불화의 연쇄에서 무사히 빠져나오기는 쉽지 않다.

내일 양은 잔뜩 신이 났다. 오늘은 남자친구인 오늘 군을 친구들에게 소개해주는 날. 아마 그는 자기가 골라준 코디대로 입고 나올 테고, 이미 자신의 옷도 그와 어울리는 것으로 골라놓았다. 같은 옷은 아니지만 한 눈에 봐도 커플이라는 것을 알게 해주는 옷차림. 오늘만큼은 다른 누구보다도 빛나는 주인공이 되기 위해서 내일 양은 단장에 신경을 썼다.

일부러 약속시간에서 5분 정도 늦게 도착했다. 주인공이 너무 빨리 도착하면 이야깃거리가 줄어든다. 먼저 와서 기다리고 있던 남자친구와 함께 레스토랑 안으로 들어간다. 예상대로 먼저 도착해서 잡담을 나누고 있는 친구들. 모든 것은 계획대로 진행되고 있었다.

잘 어울린다, 훈남이다, 내일 양을 잘 부탁한다는 덕담도 잠시, 슬슬 짓궂은 질문이 쏟아져 나왔다.

"첫 키스는 언제 했어요?"

"오늘이 만난 지 며칠인지 기억해요?"

"진도는 어디까지 나갔어요?"

놀림인지 관심인지 모를 질문 세례를 받는 남자친구를 지켜주기 위해 내일 양은 음식이 입으로 들어가는지 코로 들어가는지 모를 정도로 노력했고, 다행히 남자친구는 이리저리 센스 있게 잘 빠져나왔다.

그러나 마지막 한 고비가 남아있었다. 오늘따라 내숭도 부리지 않고 음식을 흡입하던 친구들이 계산을 남자친구에게 미루어버린 것이다.

"어? 우리 원래 더치페이 하던 모임이잖아. 너희들 왜 그래?"

이건 예상하지 못했다. 이 레스토랑은 각자 부담하기에는 적당했지만 한 사람이 다 내기에는 부담스러운 곳. 게다가 추가 요리까지 잔뜩. 부담이 클 게 뻔했다.

"당연히 제가 내야죠."

'저 바보, 바보!'

남자친구는 거절하지도 않고 계산서를 들고 나갔다. 흘깃 보는데 표정이 좋지는 않았다. 내일 양은 오늘 군이 얼마나 검소하게 사는지 알고 있었다. 오늘 군이 걱정된 내일 양은 그를 따라가서 슬쩍 자신의 카드를 내밀었다. 하지만 오늘 군은 웃으면서 거절했다.

"괜찮아. 어차피 내가 낼 생각이었어."

그래도 내일 양의 기분은 풀리지 않았다. 자리에 돌아온 그녀는 결국 친구들에게 한 마디 던지고 말았다.

"오늘 너희들 좀 심한 것 같다?"

분위기는 금세 삭막해졌다. 분위기를 주도했던 친구는 곧바로 얼굴이 굳어서 반발했고, 사이에서 말리는 친구들도 표정이 좋지 않았다. 계산을 마치고 돌아온 남자친구가 황급히 끼어들었다.

"분위기 좋았는데 마지막에 왜 그래? 당연히 내가 내야지. 네가 피곤해서 좀 예민해졌나 보다."

남자친구가 웃으면서 수습한 덕에 모임은 나쁘지 않게 파했다. 친구들은 헤어질 때 오늘 군을 잔뜩 칭찬하고 갔다. 하지만 겉으로는 웃으면서도 내일 양의 기분은 풀리지 않았다. 결국 돌아가는 길에 남자친구와 싸움을 하고 말았다.

"아까 왜 내 편을 안 들어줬어? 나는 널 위해서 말한 건데."

"정말 괜찮다니까. 그 정도 널 생각하고 온 거고. 내가 내는 것이 맞아."

"바보야? 멍청이야? 그걸 왜 네가 내?"

"그럼 나보고 어쩌라고. 그 상황에서 더치하는 게 더 웃기잖아."

내일 양과 오늘 군은 티격태격 싸우다가 돌아섰다. 잔뜩 화가 난 얼굴로 쿵쾅대며 집으로 들어가자 거실에서 동생이 머리를 내민다.

"누나 또 싸웠어?"

"시끄러!"

"아니, 왜 나한테 화풀이야?"

소리를 지르고 방으로 돌아온 내일 양은 억울한 심정으로 베개에 얼굴을 파묻고 엉엉 울었다.

오늘 군은 친구들 앞에서 내일 양의 체면을 세워주기 위해 무리한 금액도 지불하려고 했다. 내일 양은 남자친구의 부담을 생각해서 친구들의 행동을 막으려고 했다. 둘은 서로를 생각해서 행동했지만 결과는 싸움이었다.

연인 간의 싸움은 복잡하다. 서로를 생각하기 때문에 상황이 더 꼬일 때도 있고, 자신이 원하는 것에 솔직해지기도 어렵다. 문제를 뚜렷하게 파악하고 서로가 만족하는 해결책을 찾을 때까지는 시간도 많이 걸리고 대화도 많이 해야 한다. 그동안 계속 충돌이 일어나고, 충돌은 상처를 남긴다. 설령 마지막에 원만하게 해결이 되더라도 과정에서 받은 상처가 너무 크면 나쁜 결과로 기억될 수밖에 없다.

그렇기에 사랑싸움에는 기술이 필요하다. 싸움의 흐름에 휩쓸리지 않고 원하는 것에 집중하는 기술, 상처를 주고받지 않고 서로를 수용하는 기술, 싸움을 통해 알게 된 것들을 더 나은 결과로 바꾸어가는 기술. 이런 기술을 알고 제때 활용할 수 있다면 어떤 싸움이든 좋은 쪽으로 이끌어갈 수 있다.

지금부터 소개하는 싸움의 기술은 보편적인 싸움에서 만나게 되는 상황들을 여섯 단계로 나눠 대응법을 설명한 것이다. 하나하나는 누구나 할 수 있는 행동이지만 몸에 익혀 능숙하게 활용하기까지는 지속적인 노력이 필요하다. 그렇다고 어렵게 생각할 필요는 없다. 방법을 알고 첫발을 내딛은 순간 변화는 이미 시작되기 때문이다.

싸움이 진행되는 동안 위기의 순간은 계속 찾아온다. 모든 문제를 한 번에 해결하려는 조급함을 버리고, 싸움을 조절할 수 있다는 믿음을 갖고 차근차근 단계를 밟아가보자.

상처받은 감정
추스르기

보통 사랑싸움에 대처하자는 생각이 들었을 때는 이미 최초의 싸움이 끝나고 난 후일 것이다. 당신의 감정은 격양되어 있을 것이고, 당연히 부정적인 감정의 소용돌이 속에 있을 것이다.

싸움은 상처를 남기기 마련이다. 싸움이 끝나고 나서, 울고 싶거나 추욱 처지거나 화가 나서 씨근거리게 만드는 감정들은 나쁜 것이 아니다. 다른 사람들도 모두 겪는 당연한 것이다. 당신은 상처를 입었다. 부정하지 말자. 내 상처를 인식하고 받아들이면 더 빠르게 회복할 수 있다.

우선은 감정이 풀릴 때까지 충분히 시간을 갖자. 평소 기분을 푸는 당신만의 방법이 있을 것이다. 먹는 것으로 감정이 풀린다면 오늘만큼은 다이어트 걱정하지 말고 마음껏 먹자. 야식집에 전화를 걸어 아직 감정이 다 풀리지 않은 목소리로 아주 화끈한 막국수 대(大)자를 주문한다. 딩동! 하는 소리와 함께 막국수가 도착했다.

스티로폼 그릇 안에서 빨간 국물이 넘실넘실 흔들리고 회색빛의 미끈거리는 면이 식욕을 자극한다. 손을 뻗어 비닐 포장을 벗기고 젓가락을 들어 적당히 비빈다. 자극적인 매운 향을 풍기는 국물이 면과 비벼지면서 먹음직스러운 소리를 낸다. 젓가락으로 면을 한 움큼 집어 입으로 가져간다. 입가에는 빨간 국물이 흐르고 면은 입 안에서 혀를 자극한다.

이빨로 적당히 끊어 후루룩하면서 고개를 들어 입 안에 전부 집어넣는다. 그래, 이 화끈한 맛! 마치 광고를 찍는 배우처럼 막국수를 맛있게 흡입한다. 입가가 약간 따끔거리는 것이 기분이 좋다. 새콤한 냄새가 난다. 아직도 남아 있는 막국수가 보인다. 후루룩거리면서 남은 막국수를 전부 깨끗하게 비운다. 잠시 동안이라도 먹는 것에 온 신경이 가 있는 지금이 편하다. 슬슬 배가 부르고 조금 졸린 듯이 이완된 상태가 찾아온다. 싸움? 이 순간만큼은 잊었을 것이다. 여전히 신경은 쓰이지만 기분은 한결 나아진 것 같다.

당신이 우는 것으로 감정이 풀린다면, 좋다. 울어라. 먼저 가족들이 듣지 않게 문을 잘 닫고 이불을 뒤집어쓴다. 상대방이 나에게 쏟아낸 모든 것이 다시 슬금슬금 몰려온다. 눈가가 촉촉해진다. 귓가에 아직도 그 사람의 말이 들리는 것 같다. 아무 말도 못한 내가 미워진다. 난 왜 바보같이 그런 모욕을 듣기만 하고 있었는가. 뭐가 무서워서. 아니, 생각해보면 서러워서 가만히 있었던 것이다. 억울해서 가만히 있었던 것이다.

흐르는 눈물을 막지 않는다. 부드러운 이불의 촉감을 느끼며, 베개에 눈가를 비비며 울음을 터뜨린다. 소리를 내도 좋다. 베개와 이불이 충분히 막아줄 것이다. 하고 싶었던 말을 눈물로 다 쏟아낸다. 서러움을 눈물 속에 넣어서 다 토해낸다. 그때 이렇게 말했어야 했는데……. 지금이라도 대신 중얼거려 본다. 한 말과 못 한 말을 후회하면서 조금이나마 휑한 마음을 채워보려고 한다. 눈물이 멈췄다. 엉망진창이 된 얼굴을 부드러운 휴지로 닦으면서 거울을 본다. 눈가가 빨갛고, 볼이 붉게 물들었다. 크게 한 번 숨을 내쉰다. 응어리가 풀리는 기분이 든다. 여전히 싸움을 생각하면 속이 상하지만 그래도 조금은 나아진 것 같다.

　당신이 화를 내는 것으로 감정이 풀린다면 다른 사람에게 피해가 가지 않는 방법으로 화를 내라. 뭐가 있을까? 앞에 크고 하얀 곰인형이 있다. 뭐가 그리 좋은지 실실 웃는 얼굴이다. 주먹을 꽉 쥔다. 인형의 배를 한 대 때린다. 인형은 여전히 웃고 있다. 다시 한 번 배를 때린다. 콧잔등을 손가락으로 튕긴다. 머리를 잡고 조르기를 시도한다. 아까 싸웠던 게 다시 생각난다. 화가 난다. 그가 했던 말이 생각난다. 인형을 구석으로 집어 던진다. 내가 하지 말았어야 했던 말이 생각난다. 그 사람도 상처를 받았겠지만 그런 말을 한 나도 상처받았다. 그러다 슬슬 화를 가라앉힌다. 인형이 무슨 죄인가. 인형에게 사과하고 제자리에 되돌려 놓는다. 그래도 마음속의 응어리가 좀 풀린 것 같다. 머리가 이제 좀 차가워지는 것 같다.

어떤가. 감정 조절이 되었는가? 평소의 모습으로 돌아왔는가? 아직 뭔가 조금 남아 있더라도 털어버리자. 지금 당신을 지배하고 있는 것은 편안함이다. 감정을 조절한다는 건 외부의 위협으로 날카로워진 당신을 원래대로 되돌려주는 귀중한 작업이다. 어떻게 보면 스트레스를 푸는 작업이라고도 볼 수 있다.

이렇게 싸운 후가 아니라, 싸우는 도중에 감정을 풀어야 하는 경우가 있다. 혹은 그 자리에서 즉시 싸움을 해결해야 될 때도 있을 것이다. 시간을 넉넉하게 두고 감정이 정리되길 기다리거나, 자신만의 방법을 활용할 여유는 없다. 그럴 때일수록 더욱 침착하고 확신 있게 자신과 상대의 감정에 대처해야 한다.

먼저 감정을 조절해야겠다는 생각이 들었다면 그것만으로 당신은 싸움의 열쇠를 쥐게 된 것이다. 상대방이 흥분해서 당신에게 감정적인 말을 하고 있다면, 그 말을 들어주되 말의 내용보다는 감정을 조절하는 행위에 집중하라. 상대방이 나를 비하하는가? 내 약점을 언급하는가? 그 정도로 그는 감정적이다. 거기 휘말리면 나도 감정적이 될 뿐이다.

이럴 때는 상대방과 똑같이 나가기보다는 반대 행동을 보여주면서 서서히 감정의 톤을 다운시켜 가자. 상대방의 목소리가 크고 높아진다면 당신은 작고 낮게 말하자. 상대방의 몸짓이 과장되고 격해졌다면 당신은 절제되고 차분한 몸짓을 보여주자. 상대방이 당신을 화난 얼굴로 바라보면 반대로 걱정스런 눈빛으로 바라보자. 상대방이 당신에게 손가락질을 하면 당신은 양 손바닥을 펴서 보여주자. 싸울 의사가 없다는 표현이자 상대를 자제시킬 때 쓰는 몸짓이다.

위의 방법을 다 썼는데도 서로의 감정이 조절되지 않는다면 자리를 옮겨보자. 그것만으로도 싸움의 분위기는 완전히 바뀐다. 당신이 해코지의 위협을 느낀다면 사람들이 많은 자리로 옮긴다. 당신이 자신감을 얻고 싶다면 익숙한 자리로 옮긴다. 때로는 분위기상 싸울 수 없는 장소로 옮기는 것도 두 사람의 감정을 조절하는 데에 도움이 된다. 어떤 이들은 좁은 차 안 같은 곳에서만 화를 내기 때문에 넓은 공원과 같은 곳에서는 대화가 잘 풀리고, 어떤 이들은 주위에 사람이 있으면 자신의 감정을 추스르기도 한다.

뭔가 먹거나 마시면서 분위기를 바꾸는 것도 방법이다. 우리는 배가 부르면 감정이 이완된다. 차가운 음료는 머리를 식히는데 도움을 주고, 따뜻한 음료는 편안함을 느끼게 해준다. 특히 싸움 중에는 서로에게만 신경이 가 있기 때문에 그 집중을 분산시켜준다면 다시 마음을 가라앉히고 대화의 장을 불러올 수 있다.

단, 자리를 옮기기 전에 두 사람이 미리 합의를 하는 것이 좋다. 분위기 전환 겸 자리를 옮기자고 솔직하게 제안하는 것도 좋고, 조용한 곳에서 제대로 이야기해보자는 완곡한 표현으로 자리를 옮길 핑계를 만드는 것도 좋다. 이동하는 동안에 두 사람은 각자 생각을 정리할 시간을 갖고 차분해질 기회를 얻는다.

장소를 옮기기도 마땅치 않은데 도저히 감정을 조절할 수 없어서 문제가 커질 것 같다면, 잠깐 자리를 피하는 것도 방법이다. 솔직하게 감정을 가라앉히고 오겠다고 말하고 자리를 비우면 된다. 상대방이 양해하지 않을 것 같거나 스스로 그런 말을 할 인내심조차도 없더라도, 무작정 일어서지 말고 잠깐만 자리를 비울 것이며 다시 돌아올 것이라는 사실을 꼭 말하는 것이 좋다. 화장실에 가서 찬물로 손을 씻거나, 세수를 하거나, 잠깐 바깥 공기를 마시면서 감정을 차분하게 만들고 돌아와 보라. 감정은 확실히 달라져 있을 것이다.

만약 자리조차도 피할 수 없는 상황이라면 싸움의 흐름이라도 잠깐 끊어라. 상대방의 말을 막기보다는 내가 말할 기회를 끊고 휴식을 갖는 것이 좋다. 생각을 정리할 시간을 요구하라. 상대방의 말이 도무지 끊길 것 같지 않다면 어쩔 수 없이 말을 잘라야겠지만, 잠시 휴식을 가진 다음에 충분히 이야기를 들어주겠다는 약속을 하자.

이런 휴식을 갖는 것도 감정을 조절하는 기술이다. 상대방을 공격할 전략을 짜는 시간이 아니다. 만약 이 와중에도 어떻게 하면 우위를 점하고 내 뜻을 관철시킬지에만 생각이 미친다면 당신은 사랑하기 위해 연애를 하는지 독재자가 되기 위해서 연애하는지 다시 생각해볼 필요가 있다. 적어도 싸움을 해결하고 싶어 노력하고 있다면 싸움을 현명하게 이용해야 한다.

이렇게 감정을 정리해서 분위기가 가라앉았다면 다음 단계로 넘어가도 좋다.

02 원하는 것에 귀 기울이기

감정이 무대에서 내려왔다면 이제 이성이 나올 차례다. 이성은 감정만큼 돋보이지는 않지만 문제를 파악하고, 분석하고, 해결책을 찾는 모든 과정에서 당신을 충분히 도와줄 수 있다.

내일 양과 오늘 군의 상황을 내일 양의 시선에서 살펴보자.

누가 — 나와 오늘 군이

언제 — 집으로 돌아갈 때

어디서 — 우리 동네 골목에서

무엇을 — 싸움을

어떻게 — 서로 엄청 화내면서

왜 — 왜 싸웠는지는 모르겠다.

　마지막 대답을 보고 내일 양을 비웃지는 말자. '왜 싸웠는가?'는 가장 어려운 질문이다. 싸움의 대부분은 정말 뭣 때문에 싸웠는지 기억이 안 날 정도로 사소한 일로 일어난다. '싸움'이라는 피해자는 나왔는데 '원인'이라는 범인은 오리무중이다. 게다가 '감정'이라는 구경꾼은 자기도 모르게 증거들을 대부분 지워버렸다.

　이제 이성이라는 탐정이 나설 차례다. 다행히 이성은 문제 푸는 것을 좋아해서 어디서든 부를 수 있고, 누구에게나 답을 알려준다. 추리물을 보면 늘 피해자의 주변에는 그럴 듯한 용의자와 그것을 입증해주는 증거들이 있다. 경찰은 그 용의자를 범인으로 몰아가고 사건은 끝이 나는 듯 보인다. 탐정 역의 이성에게 상황을 점검시켜보자. 과연 우리 앞의 용의자들이 진범이 맞을까?

　'상대방'을 유력한 용의자라고 생각해보자. 즐거운 시간을 망가트리고 싸움을 불러온 장본인이 누구냐, 다시 말해 왜 싸웠느냐고 물어본다면 대부분의 사람들은 상대방을 지목할 것이다. 상대방이 모든 싸움의 원인이라고 생각하는 순간 모든 것이 편해진다. 상대방이 원인이 되면 우리는 아무것도 할 필요가 없어진다. 어차피 타인을 바꿀 수는 없기 때문에 할 수 있는 것이 없다.

　타인을 바꾸는 것은 굉장히 어려운 일이라는 걸 우리는 잘 안다. 아주 오래 전 당신이 어린아이였을 때의 기억을 떠올려보자. 당신이 배가 고프고, 볼일을 해결하고 싶고, 자고 싶을 때마다 부모님은 원하는 대로 해주었을까? 부모는 아기가 원하는 것을 들어주려 최선을 다하지만, 원하는 것을 100% 충족시켜 주지 못한다. 지금 볼일을 해결하고 싶은데 뜬금없이 젖병이 입으로 다가온다. 원하는 건 이게 아니라고 아기가 표현할 수 있는 건 우는 방법뿐이다.

좀 더 시간을 흘려보내자. 당신이 학교에 들어가기 전에 가족은 당신이 원하는 대로 해주었는가? 부모님이 두 손 들 정도로 떼를 쓰는 아이가 아니라면 오히려 당신이 주위 사람들이 원하는 대로 행동해야 했을 것이다. 사람들을 당신 뜻대로 움직여보려고 때리기도 하고, 소리도 질러보고, 울기도 해보았겠지만 대부분의 경우 사람들은 변하지 않는다. 그렇게 나이를 먹고 학교를 졸업하고, 연애를 하고 있는 지금의 당신은 충분히 잘 알고 있다. 당신이 원하는 대로 타인을 움직이는 것은 쉽지 않다는 것을. 그렇기에 지금 이 책을 읽으며 고민하고 있는 것이다.

우리의 힘으로 타인을 바꾸기는 어렵다. 따라서 상대방에게 원인을 돌리고 나면 내가 할 수 있는 것은 거의 없어진다. 마음마저 편해진다. '왜?'라는 물음에 그저 '상대방 때문에'라고만 떠올리면 된다.

대신 싸움을 두려워하게 된다. 싸움이 날까봐 두려워하고, 싸우면서 두려워하고, 싸움이 끝나고서도 두려워한다. 내가 할 수 있는 일도 없고 예상할 수도 없으니 두려울 수밖에. 싸움의 원인을 상대방으로 돌리는 것은 당신이 그토록 피하고 싶었던 상황, 싸움에 끌려 다니고 두려워하기만 하는 상황을 낳는다.

내일 양의 입장에서 오늘 군에게 원인이 있다고 생각해보자. 상대방에게 책임을 전가시키면 뒷담화할 내용이 많아진다. 돈도 없는 주제에 선뜻 계산하겠다고 하는 멍청이, 어차피 낼 거면 기분 좋은 척이라도 해주지 그러지 않아서 심란하게 만드는 멍청이, 친구들 앞에서 내 편을 들어주지도 않고 넘어가려는 멍청이 등등 배려 없고 생각 없는 사람으로 몰아가면 끝이다. 다른 사람에게 책임을 넘기면 이렇게 간편하고, 당장의 고민이 쉽게 해결된다.

그러나 이 마음 그대로 오늘 군을 만나면 당장 싸움은 2차전으로 번진다. 잡초의 뿌리를 뽑아야 되는데 자근자근 밟기만 한 격이다. 내일 양이 원하는 것은 전혀 밝혀지지 않은 채 싸움을 하러 가게 된다. 그 싸움은 두렵고 앞일을 예상하기 어려운 싸움이 될 것이다.

이번에는 또 다른 용의자, '나'를 생각해보자. 즐겁게 보낼 수 있었던 시간을 망가트린 원인이 나라면?

나는 나를 조절할 수 있고 내 행동도 예측할 수 있다. 설사 나 때문에 문제가 생겼어도 내가 해결할 수 있다. 그러나 아이러니하게도 여기에도 위험이 도사리고 있다. 보통 사람들은 내가 원인이라고 생각하면 자책하게 되기 때문이다. 자책을 하면 후회와 우울 속에 퐁

당 빠져버린다.

"내가 왜 그때 그런 말과 행동을 했을까."

생각이 많아지면 후회는 눈덩이처럼 불어난다. 자다가 불현듯 생각나 이불을 뻥 하고 차면서 일어나고, 일이나 공부에 집중해야 하는데 그 생각이 머릿속을 맴돌다 마치 눈밭 위를 굴러가는 눈덩이처럼 점점 커져간다. 그렇게 해서 결론이라도 잘 나오면 괜찮다. 하지만 대개는 '나는 정말 구제불능이야' 하는 식으로 과장되게 자학하며 문제를 해결할 의욕을 잃는다.

후회는 우울을 부르기도 한다. 한숨이 많아지고 얼굴에 그늘이 지고 기운은 없어지고 식욕은 줄어들고 잠을 자지 못한다. 후회가 쌓아올린 걱정은 어느새 밑도 끝도 없이 아래로 파고들어, 당신은 끝도 보이지 않는 나선계단을 따라 계속 지하로 내려간다. 결국 바닥에서 기다리는 것이 아무것도 없는데도. 우울은 그렇게 주는 것 하나 없이 당신의 마음을 헛돌게 한다.

내일 양의 입장에서 내일 양에게 원인이 있다고 생각한다면? 남자친구 입장은 하나도 배려 안 하는 바보, 괜히 카드를 내밀어서 자격지심만 들게 하는 미련한 바보, 친구들에게 미리 사정을 귀띔이라도 해주지 않은 바보 등등 자신을 배려 없고 생각 없는 사람으로 만들기는 쉽다. 전부 내 잘못이라고 되뇌이면서 했던 말 한마디 한마디를 후회한다. 했던 행동을 떠올리며 우울해하다가 정작 자신이 원하는 것은 잊어버린다. 당장의 싸움은 넘어가지만 기분이 풀리면 또 같은 행동을 반복한다. 분명 채워지지 않는 마음이 있는데 죄책감에 가려져 보이지 않고 후회스러운 싸움은 멈춰지지 않는다.

"잠깐만. 그럼 도대체 원인은 누구한테 있다는 거야?"

성급하게 되묻는 당신에게 잠시 기다리라고 말하고 싶다. 사람은 빨리 결론을 짓고 혼란스러운 고민에서 벗어나고 싶은 마음에 성급하게 눈에 보이는 데서 용의자를 찾으려고 한다. 서둘지 말고 증거를 살피면 애초에 누가 잘못한 것이냐는 질문부터 잘못되었다는 것을 알 수 있을 것이다. 범인이 밖을 돌아다니는데도 이 안에 범인이 있다 외치며 문을 닫아걸고 있었던 것이다.

이제 이성이라는 탐정이 나와서 범인을 지목할 것이다. 이제까지의 용의자는 범인이 아니다. 용의자들은 현장에 있었다는 사실만으로 억울하게 누명을 쓴 것이다. 범인은 바로 '싸우게 된 상황'이다. '상대방'과 '나'는 상황에 맞춰 행동만 했고, 두 피해자는 운 나쁘게 상황에 휘말린 것뿐이다.

"이상한데? 상황 때문이라면 책임이 외부에 있다는 거잖아. 결국 아무도 잘못을 하지 않았다는 거야?"

그래서 싸움이 어떻게 일어났는지 질문하라는 것이다. 왜 싸웠는가가 아니다. 무슨 말로 싸웠는가가 아니다. 싸움이 일어난 건 이미 과거의 일이다. 싸우는 중일지라도 감정이 폭발하고 이성이 마비된 것은 과거의 일이다. 현재 벌어지고 있는 싸움이 어떻게 일어났는지 생각해야 한다.

내일 양과 오늘 군을 살펴보자. 둘의 싸움은 어떻게 일어난 걸까?

내일 양은 모임에 나갔다. 그 날은 친구들에게 남자친구를 소개하는 날이었고, 계산하기 전까지는 분위기도 좋았다. 그런데 친구들이 남자친구에게 계산을 떠넘겼다. 내일 양은 계산을 대신 하거나 친구들에게 항의하려고 했다. 그러나 남자친구는 그 호의를 받지 않고 혼자 계산을 했다. 그녀의 편도 들어주지 않았다. 그래서 싸움이 일어났다.

오늘 군은 모임에 나갔다. 그날은 애인의 친구들을 소개받는 날이었다. 계산하기 전까지는 분위기도 좋았다. 그런데 내일 양의 친구들이 오늘 군에게 계산을 떠넘겼고 오늘 군은 계산을 했다. 여자친구는 항의하려 했지만 일이 커지기 전에 오늘 군이 말렸다. 그러나 여자친구는 그의 호의를 이해하지 않았다. 그의 말도 들어주지 않았다. 그래서 싸움이 일어났다.

내일 양과 오늘 군의 싸움은, 음식 값 계산에 관한 두 사람 각자의 호의를 상대가 받아들이지 않아서 일어났다.

왜 싸웠는지를 생각하려다 보면 초점이 흐려진다. 애초에 덥석 계산을 해버린 게 잘못이라든지, 친구들 앞에서 체면을 구겼다는 등 온갖 생각이 들어 상황 파악을 제대로 못 할 수 있다. 그러나 어떻게 하다가 싸우게 되었는지를 생각해보면 상황은 생각보다 명료하다. '어떻게'는 과거의 흔적을 차근차근 확인해준다. 추상적이고 모호한 상황이 아니라 구체적이고 자세한 상황이 나타나도록 해준다.

상황이 명료해지면 우리는 그 속에서 문제의 핵심을 찾아낼 수 있다. 바로 내가 원하는 것과 상대방이 원하는 것.

내일 양이 어떻게 싸우게 되었는지 알았으니 그녀가 원하는 것을 찾아보자. 내일 양은 착한 여자다. 그녀는 남자친구의 경제사정을 잘 알고 있었고 그가 비용을 모두 부담하는 것이 불편했다. 친구들의 장난도 불쾌했다. 한편으로는 남자친구가 돈을 낼 수밖에 없는 상황이라는 것을 느꼈기에 선뜻 자신의 카드를 내밀었을 것이다.

그녀가 바란 것은 대단한 것이 아니다. 남자친구가 그녀의 카드로 계산하지 않아서, 친구들이 더치페이를 하지 않아서 싸움을 벌인 것이 아니었다. 남자친구를 위해 친구들에게 불만을 표시했을 때 자신의 편을 들어주는 말, 그 한마디가 필요했을 뿐이다. 마음을 달래주고, 감정을 진정시켜줄 표현을 원했지만 남자친구는 그것을 채워주지 못했다.

오늘 군은 처음부터 자신이 계산하게 될 것이라고 예상했을지도 모른다. 내일 양의 친구들은 오늘 군의 사정을 모른다. 친구의 남자친구에게 얻어먹는 것쯤은 당연하다고 생각할 수도 있다. 예외 삼아 한 번 정도는 괜찮다고 생각할 수도 있다. 어쨌든 상황은 오늘 군이 내는 쪽으로 흘러갔다. 그가 내야겠다고 생각한 이상, 그리고 계산한 순간 모든 것은 지나간 일이 되었다.

오늘 군이 이 상황에서 계산을 한 이유는 내일 양의 체면 때문이었을 것이다. 이왕 벌어진 일이니 여자친구에게 인정받고 친구들끼리 싸우지 않고 넘어가길 원했을 것이다. 즉 오늘 군이 바라는 것은 자신의 희생에 대한 인정이다. 내일 양은 그것을 채워주지 못했다. 오늘 군이 바라는 인정을 받았다면 생활비에 여유가 없어도, 다음 데이트에서 내일 양에게 신세를 져도 싸우지는 않았을 것이다.

내일 양과 오늘 군은 서로 원하는 것을 얻지 못했다. 결국 둘은 자신이 원하는 것을 얻고 싶었기 때문에 싸운 것이다. 서로에게 원하는 것을 채워준다면 싸움은 멈출 것이다. 원하는 것을 찾는 것은 싸움을 해결하는 만능열쇠다.

한 가지 문제가 있다. 내일 양과 오늘 군의 이야기는 분명 좋은 사례긴 하지만, 실제 내가 겪는 싸움에서는 이렇게 깔끔하게 원하는 것을 찾아내기란 어렵다.

첫째, 상대방이 원하는 것이 무엇인지 알기 어렵다.

둘째, 내가 원하는 것이 무엇인지 알기 어렵다.

셋째, 싸우는 중에는 차분하게 원하는 것을 생각하기 어렵다.

그렇다면 어떻게 해야 할까? 상대방이 원하는 것? 깔끔하게 포기하자. 단, 지금 단계에서만이다. 아직 다음 단계들이 남아있다. 말하지 않아도 상대방이 원하는 것을 알아차리는 사람도 있겠지만 될 수 있으면 직접 듣는 것이 좋다. 내가 생각하는 것과 상대방이 생각하는 것의 차이가 클 수가 있기 때문이다. 먼저 내가 원하는 것부터 찾아내자.

내가 원하는 것? 내가 원하는 것은 내가 가장 잘 안다. 내가 화를 어떻게 내게 되었는지 생각해봐야 한다. 내가 문제라서? 아니다. 상대방이 문제라서? 아니다. 내가 원하는 것과 상대방이 원하는 것이 부딪쳤기 때문이다. 잘잘못을 가리려는 마음은 접어두고 차분하고 솔직하게 자신의 마음을 대면해보자. 상대방이 무엇을 했다면 싸움이 나지 않았을지, 어떻게 해주면 내 마음이 풀릴지 상상해보자. 답은 반드시 내 안에 있다.

그 다음 할 일은 싸움이 일어난 상황과의 연결이다. 내 욕구가 이루어지지 않았거나, 이루어졌지만 원하는 형태가 아니라거나 여러 가지 상황이 있을 수 있다. 내 마음을 풀었다면 내가 원하는 것이 무엇이었고 왜 중요했었는지 생각해보자.

만약 당신이 싸우는 중이었다면 되도록 마음을 가라앉히면서 생각해보자. 시간은 촉박하고 장소는 생각하기 마땅치 않을 것이다. 그래도 이 상황에서 내가 원하는 것이 무엇인지를 떠올리는 것은 가능하다. 그리고 그 원하는 것은 관계의 근본에 관한 것이어야 한다.

"싸움에서 이겨야 한다."

"상대가 내게 잘못을 빌게 만들고 싶다."

이런 것들은 사랑하는 사람과의 싸움에서는 필요하지 않은 것이다. 지금 당장 이겨도 문제는 해결되지 않는다. 관계를 유지하고 발전시키기 위해 싸움을 잘 해결해야 한다면 '어떻게 싸움이 일어났는가?'에 집중하자. 내가 주고 싶은 것이 무엇이었고, 받고 싶은 것이 무엇이었는지 파악하자. 당신의 생각은 말과 행동보다 훨씬 빠르다. 특히 감정이 풀린 상황이라면 짧은 시간에 집중하기 쉬울 것이다.

그러나 여기에서 우리는 3가지 의문을 가질 수 있다. 첫째, 원인을 찾아서 논리적으로 잘잘못을 가리면 안 될까? 둘째, '왜'로 질문하는 것과 '어떻게'로 질문하는 것의 차이는 무엇인가? 셋째, 도대체 원하는 것을 찾는 것이 무슨 의미가 있지?

첫 번째 질문의 답부터 가보자. 제 3자가 냉정하게 상황을 판단하면 둘 다 잘못을 한 경우가 많다. 손뼉도 마주쳐야 소리가 난다. 싸움을 건 사람이나 받아준 사람이나 결과가 나빴다면 책임이 없을 수는 없다. 왜 판사가 잘잘못을 가려주는가. 당사자들이 서로 자신이 옳다고 해서 그런 것이 아닌가.

원인을 찾는 데 열중하면 원인제공자로 몰리지 않기 위해 서로를 공격하는 목적 잃은 싸움이 반복된다. 사랑을 위해서, 그리고 관계를 유지하기 위하여 두 사람 모두 책임이 있다고 생각하는 쪽이 좋다.

확실하게 잘잘못을 가려야 사랑이 두터워지고 관계가 유지된다고 믿는다면 그렇게 하라. 단, 해결방법은 찾을 수 없을 것이다.

두 번째 질문도 같은 맥락이다. 책임 소재를 가리려는 질문과 조율할 상황을 밝히려는 질문의 차이다. '왜'로 문제를 파헤치다 보면 나와 상대방 둘 중 한쪽에 책임이 몰리기 쉽다. '어떻게'는 책임을 부여하는 대신에 서로 합의할 방법과 기회를 찾는 것이다. '왜'는 법정에 어울리는 질문이고, '어떻게'는 사랑싸움에 어울리는 질문이다. '왜'는 제3자가 객관적으로 사실에 근거하여 판단하기 위한 것이고 '어떻게'는 두 사람이 주관적으로 사실을 이해하며 조율하기 위한 것이다. '왜'는 싸움을 막을 수 없지만 '어떻게'는 싸움을 막을 수 있다.

마지막 질문은 중요하다. 원하는 것을 찾는 것은 다음 단계로 넘어가기 위한 중요한 작업이다. 좁게 보자면 싸움의 해결책을 찾기 위한 것이고 넓게 보면 자신을 성찰할 기회이다. 내가 원하는 것이 과하지는 않은지, 억지는 아니었는지, 왜 나는 그것을 원했는지 등을 생각하다보면 내가 몰랐던 나를 새롭게 찾아낼 수 있다. 또한 내 욕구를 이해하면 상대방의 욕구도 더 잘 이해하고 공감할 수 있다.

싸움이란 내가 원하는 것을 상대방에게 제대로 전달하지 못했을 때, 또는 요구했지만 받아들여지지 않았을 때 일어난다. 따라서 내가 원하는 것에 집중하는 것은 싸움이 일어난 상황을 파악하는 방법인 동시에 해결책을 찾는 방법이고, 그 이면에 있는 나 자신을 이해하는 방법이기도 하다. 특정한 상황에서 원하는 것을 알면 장기적인 관계에서 원하는 것도 알 수 있다. 나의 욕구를 이해하고 받아들이면 스스로 성장하게 될 뿐 아니라 사랑도 훨씬 수월해진다.

상대방의 감정
풀어주기

내일 양은 날뛰던 감정을 차분하게 정리했다. 싸움의 이유도 알아냈고 내가 원하는 것도 명확히 했다. 내일 양은 모든 준비를 끝냈다. 이제 이를 오늘 군에게 전달하고 해결방법을 찾아갈 차례다.

그런데 오늘 군은 아직 준비되지 않은 상태라면? 그가 아직 화가 나 있거나, 시무룩해서 시선을 피하거나, 내일 양과 말조차 섞고 싶지 않은 상태라면? 나의 감정도 다루기 어렵지만, 상대방의 감정에 대처하기는 더욱 어렵다. 우리는 마땅한 대처법을 생각해낼 시간도 없이 당황하고 만다. 상대가 화를 내면 공포에 질려 위축되는 사람도 있고, 눈물을 흘리면 어떻게 해야 할지 몰라 쩔쩔매는 사람도 있다. 감정을 표현하고 받아들이는 데 익숙하지 못한 사람들은 상대가 감정적인 모습을 보이면 문제를 회피하고 싶어하지만, 이는 사태를 악화시킬 뿐이다. 사랑하는 사람의 감정을 받아주는 것은 당신의 몫이다.

다른 사람의 감정을 풀어주는 데에는 여러 가지 방법이 있다. 재치 있는 말을 이용할 수도 있고, 시간이 해결해주는 경우도 있다. 누군가는 맛난 음식을 먹으면 풀리고, 누구는 혼자 있게 두어야 감정이 풀린다. 자신의 감정을 푸는 방법이 여러 가지인 것처럼 타인의 감정을 푸는 방법도 여럿이다. 그러나 내 감정을 푸는 방법은 비교적 확실한 반면, 타인을 위한 방법은 시행착오를 겪지 않으면 알 수 없다. 한 번 성공한 방법이라도 상황과 사람에 따라 효과가 다를 수 있다.

그럼에도 불구하고 많은 사람들에게서 평균이상의 효과를 내는 방법들을 소개하겠다. 상대의 감정을 풀어주는 것은 쉽지 않은 일이지만 끈기를 갖고 도전했으면 한다. 그 마음을 풀어야 싸움을 해결하는 여정도 비로소 시작되기 때문이다.

한바탕의 싸움이 끝난 후, 당신과 상대방은 아마도 당장의 감정을 진정시킨 후 누가 먼저 연락하나 서로 기다리고 있는 상황일 것이다. 기다리는 이유는 간단하다. 먼저 연락하면 진 것이라고, 혹은 잘못한 사람에게 먼저 연락할 책임이 있다고 생각하기 때문이다.

　당연하지만 이런 관점은 상황을 정리하고 문제를 해결하는 데에
아무런 도움을 주지 못한다. 오히려 서로가 서로의 말꼬투리를 잡고
책임을 떠넘기기에만 급급하게 된다.

　이런 악순환을 끊어주는 가장 좋은 방법은 무조건적인 경청이다.
경청하는 사람은 책임을 가리는 데에 관심이 없다. 경청은 상대방이
싸움에 대해 어떻게 느끼는지 들어주는 과정이다. 그 이야기를 들어
주는 것만으로도 화가 풀리고, 눈물이 멈춘다. 그러나 경청은 효과가
좋은 만큼 어려운 일이기도 하다. 상대방은 분명 전부 내 잘못이라
고 주장할 것이고, 자신은 책임이 없다는 이야기만 할 것인데 그 이
야기를 들으면서 내가 억울해서 가만히 있을 수 있을까? 더구나 먼
저 연락해서 말을 가만히 들어주면 상대방은 내가 항복하는 것으로
받아들이지 않을까?

　도움이 되지 않는 관점은 버려라. 관계를 유지하고 싶다면 먼저 연
락하라. 헤어질 것을 각오했을 때에만 손 놓고 연락을 기다려라. 연
락하는 것은 당신이 잘못했다는 증거가 되지 않으며, 경청하는 것은
상대방이 잘했다는 증거가 되지 않는다. 오히려 당신이 상대방에게
이 관계를 유지할 기회를 주는 것이다. 먼저 연락했다는 것은 당신
이 둘 중에 더 용기 있는 사람이며 문제를 풀 수 있는 능동적인 사람
이라는 것을 의미한다.

　그렇다고 사과하고 책임을 인정하라는 것은 아니다. 평소 미안하

다는 말이 입에 붙어 있고 그로 인한 결과를 감내할 수 있다면 무조건 잘못했다고 말해도 된다. 하지만 당신이 상대방을 서운하게 했다면 상대도 마찬가지다. 당신에게 잘못이 있다면 상대도 같은 잘못이 있을 것이다. 당신이 억울하다면 상대도 억울하다. 경청한다는 것은 서로가 가진 오해를 풀고, 서로에게 준 상처를 인정하는 작업이다.

책임, 잘못, 억울함 등의 이야기를 상대방이 쏟아냈다면 이미 마음은 거의 다 풀린 것이다. 배려가 많은 사람이라면 당신에게 기회를 돌려줄 것이고, 당신은 다음 단계를 향해 나아가면 된다. 상대가 당신에게 기회를 주지 않아도 좋다. 지칠 때까지 그 이야기를 들어줘라. 지쳤다는 것은 마음이 거의 다 풀렸다는 증거다. 30분에서 1시간. 사람에 따라 다르지만 이 정도면 상대는 이미 할 이야기를 다 했을 것이다.

그 시간 동안 입을 다물고 듣기만 할 수는 없다. 경청을 할 때 우리는 상대의 말에 어떻게 반응해야 할까.

"난 책임이 없어."

"나도 책임이 없어."

"네가 잘못했어."

"너도 잘못했잖아."

"나는 억울해."

"나도 억울해."

이것이 진짜 내 마음의 소리이고 내 안의 사실일지도 모르지만 이렇게 대응해서는 절대 안 된다. 상대는 사실을 알기를 원하지 않는다. 이미 알고 있다 해도 당신에게서 다시 듣고 싶어 하지 않는다. 사실이야말로 싸움의 원인이 된 상황이다. 사실을 끄집어내는 것은 싸움을 또 일으키자는 말이다.

"난 책임이 없어."

"내가 너에게 책임이 있는 것처럼 말해서 섭섭했구나."

"네가 잘못했어."

"내가 잘못했다고 생각해서 나한테 서운하구나."

"나는 억울해."

"억울한 마음이 들 정도로 힘들었구나."

경청을 할 때는 이렇게 상대의 감정을 받아들여 줄 필요가 있다. 상대는 자신의 감정을 당신이 알고 있다는 점에서 대화가 통한다고 생각할 것이고, 당신은 무조건 져주지 않고도 대화가 가능하기에 다행스럽게 생각할 것이다.

만약 이쪽이 명백하게 잘못을 저질렀다면 인정하고 사과하는 것이 좋다. 당신도 잘 알 것이다. 잘못했을 때는 솔직하게 인정하는 것이 제일 빠른 해결책이라는 것을. 반대로 만일 상대가 명백하게 잘못했는데 인정하지 않으려 한다면? 상대는 이미 뉘우치고 있지만 자존심 때문에 말하지 못하고 있을 수도 있다. 아직 자기 잘못을 모르고 있을 수도 있다. 조금 억울한 기분이 들겠지만, 굳이 이 단계에서 잘못을 인정하라고 압박하거나 사과를 요구할 필요는 없다. 잘잘못을 가리는 것보다 문제가 반복되지 않는 것이 더 중요하다. 모든 단계를 다 마쳤을 때는 당신도 승자가 되리란 사실을 기억하자.

만약 이야기를 나누던 도중에 상대의 에너지가 격하게 올라갔다면 어떻게 해야 할까? 강하게 분노를 터뜨리고, 그 감정을 실어 당신을 마구 비난한다면 말이다. 보통 싸움을 한번 하고 나서 두 번째로 만날 때는 그렇게까지 화를 내는 경우가 많지 않다. 이미 지난번 싸움에서 한번 화를 터뜨렸고, 어느 정도 진정이 된 상태에서 대화를 시도하기 때문이다. 하지만 간혹 상대의 얼굴을 보면, 혹은 속상했던 이야기를 하다 보면 다시 화가 폭발하는 경우가 있다. 이럴 때 상대방은 조리 있게 자신의 입장을 전달하기보다는, 언성을 높이거나 무조건적인 비난을 반복하는 등의 형태로 감정을 터뜨린다. 이럴 때는 경청 외의 방법으로 상대의 감정을 풀어줄 필요가 있다.

다행히도 화는 30분 이상 지속되지 않는 것이 일반적이다. 화는 순식간에 와서 천천히 풀린다. 그동안 차분히 기다리는 인내심이 필요하다. 같이 화를 내면 당연하게도 분노의 지속시간만 늘려줄 뿐이다. 화 내지 말라고 직접적으로 지적해서 굳이 상대를 자극하는 것도 좋지 않다.

상대의 목소리가 높고 크다면 낮고 작게 대답해라. 상대의 행동이 거칠고 크다면 부드럽고 작게 움직여라. 상대가 말이 많다면 말수를 줄여라. 자신이 얼마나 과격해져 있는지 스스로 느낄 수 있도록 기다려라. 사람은 눈으로 본 것을 어느 사이엔가 흉내 내게 되어 있다. 차분하고 부드럽게, 때로는 아무 대응도 없이 조용하게 있는 것이 좋다. 상대방이 분노라는 에너지를 다 소진하고 평소 모습으로 돌아왔다면 다음 단계로 나아갈 때다.

단, 싸움 중 분노한 상대방이 당신에게 직접 손을 대거나 욕설을 퍼붓는 등 생명이나 신체에 큰 위협이 가해지는 폭력을 행사하는 경우에는, 조심스럽게 자리를 피해 경찰을 찾거나 사람이 많은 장소로 가서 도움을 청해야 한다. 말했듯이 데이트 폭력은 이 책이 해결해 줄 수 없다.

만약 싸움이 끝나고 상대방의 에너지가 쭉 떨어졌다면 어떻게 해야 할까? 슬픔과 무기력, 자포자기 같은 감정에 빠져서 문제를 해결할 의욕을 잃어버렸을 때 말이다. 이럴 때 사람들은 핸드폰을 꺼 두는 등 연락수단을 끊어놓고 잠수를 탈 때가 많다. 가끔 상대와 연락이 될 때까지 끈질기게 문자나 전화를 하는 이들이 있는데, 글쎄. 걱정이 돼서 하는 행동이겠지만 별로 좋은 방법은 아니다.

이럴 때는 상대방의 에너지가 올라갈 때까지 기다리자. 사람은 며칠만 지나도 조금씩 에너지가 회복되기 시작한다. 당신이 할 일은,

기분이 풀렸다면 연락을 달라는 문자나 며칠 시간을 두고 거는 한 통의 전화 정도이다. 직장이나 학교에서 얼굴을 볼 수 있다면 다음 단계를 위해 약속을 잡아두는 것이 좋다.

이런 방법의 공통점은 당신이 주도적으로 뭔가를 한다는 것이다. 경청하는 것도, 화를 끌어내리는 것도, 연락을 시도하고 만날 약속을 잡는 것도 관계를 유지하기 위한 노력이다. 사람들은 두 사람 중에 더 관계를 유지하고자 하는 욕망이 강한 쪽, 즉 '아쉬운 쪽'이 먼저 움직이는 것이라 믿는다. 그래서 주도권을 잡기 위해서는 먼저 나서지 말아야 한다고 주장하기도 한다. 하지만 이것은 착각이다. 관계를 유지하고자 하는 욕망은 양쪽 모두에게 있지만, 자신의 욕망에 더 적극적인 사람이 먼저 나서는 것이다. 관계를 유지하기 위해 먼저 나서는 사람은 헤어질 결심이 섰을 때도 먼저 나서리라는 점을 기억해두자. 먼저 나서는 것은 매달리는 것이 아니다. 관계의 주도권을 가져오는 일이다.

이렇게 연락을 시도하는 단계에서 관계가 틀어지는 경우도 있다. 대개는 관계에 대해서 진지하게 접근하지 않았을 때이다. 명백하게 자신이 잘못한 부분이 있는데 책임을 회피하기 위해 얼렁뚱땅 넘어가려고 하거나, 복잡하게 꼬인 문제를 대면하기 싫어 대강 덮고 넘어가려는 사람들이 있다. 가벼운 사안이라면야 같은 잘못이 반복되지 않는다는 전제 하에 덮는 것이 좋을 수도 있다. 하지만 이미 서로 상처를 주고받았고 관계가 틀어지고 있는 상황에서 나는 별 문제 없다는 식으로 행동하는 것은 관계보다 스스로가 더 중요하다는 표현이나 다름없다.

이런 모습은 헤어진 연인들의 사례에서 많이 발견된다. 이들은 관계에 문제가 생겼을 때 고치지 않고 덮어두려고 한다. 농담으로 억지로 분위기를 바꾸려고 시도하거나 사랑을 볼모로 묻지도 따지지도 말고 이해하라고 요구하기도 한다. 하지만 강요에 의한 이해는 제대로 된 이해라고 할 수 없고, 서로를 진지하게 대면하지 않는 관계는 오래 가지 않는다.

싸움으로 인해 관계가 틀어졌고 감정이 심각하게 상했다고 느낄수록 진지하게 접근하자. 상대방의 마음을 풀어주는 행동에 진지함이 없다면 다음 단계로 넘어갈 기회는 오지 않는다. 자신에게 잘못이 있다면 진지하게 접근해서 먼저 사과하고, 아직 잘못을 모르겠다면, 우선 상대방의 마음을 풀기 위해 성의 있게 노력해야 한다. 충돌이 해결되지 않았더라도 서로 마음을 풀고 나면 대화의 기회가 오고 해결책도 찾을 수 있다.

서로의 신념
품어주기

내일 양과 오늘 군이 카페에서 만났다. 내일 양이 먼저 전화해서 나오긴 했지만 오늘 군은 뭐라고 말을 꺼내야 할지 모른다. 그건 내일 양도 마찬가지다. 어디서부터 시작을 해야 할까. 평소라면 즐겁게 이야기했을 그 장소에서 둘은 아무 말이 없었다. 무작정 만나지 말고 전화부터 하는 게 나았을까, 문자를 하는 게 나았을까. 부질없는 생각이 머리를 스친다.

아무것도 주문하지 않은 채 앉아있는 둘의 옆에서 카페 점원이 자리를 정리하는 척하면서 눈치를 준다. 뭔가 주문해야겠다는 생각이 들었지만 쉽사리 입이 떨어지지 않는다. 내일 양이 애써 묻는다.

"뭐라도 마실래?"

"음……. 카푸치노."

평소라면 묻지 않고 남자친구의 취향대로 주문을 했겠지만 지금은 그런 당연한 생각마저 나지 않는다. 내일 양이 주문을 하고 자리로 돌아왔지만 또다시 침묵이 찾아온다. 오늘 군도 엉거주춤하게 앉아있을 뿐이다. 누가 봐도 어색한 상황. 1초가 1시간 같다.

두 사람의 모습은 당신 역시 겪어보았거나, 앞으로 겪게 될 일이다. 어떻게든 관계를 회복하고 싶어 만났건만 아직 문제는 하나도 해결된 것이 없다. 자칫 말을 잘못 꺼냈다가 또 싸움이 일어날까 두려워 입을 열지 못한다.

당면한 문제를 함께 풀어가기 위해, 이제부터 두 사람은 서로의 신념을 품어주어야 한다. 신념을 품어준다는 것은 상대방이 무엇을 원하는지, 그리고 그것을 바라게 된 이면에 깔려있는 생각이 무엇인지 이해하는 것이다. 내일 양에게는 '남자친구는 여자친구의 배려를 받아줘야 한다'는 신념이 있을 것이고, 오늘 군에게는 '여자친구를 위해서 그녀의 친구들에게 호의를 베푸는 것은 중요하다'는 신념이 있을 것이다. 분명 두 사람은 선한 의도로, 서로를 소중하게 여기는 마음에서 행동한 것이지만 상황이 엉키는 바람에 서로의 의도보다는 행동에 초점을 두고 말았다. 내일 양은 남자친구가 자신의 배려를 무시하고 자신의 편을 들어주지 않은 것에 집중했고, 오늘 군은 여자친구를 위해 밥을 사주었지만 도리어 친구들과 싸움을 해버린 것에 집중했다. 이 상황에서 오해를 풀고 서로의 신념을 알아주기 위해서는 어색함을 깨고 대화를 시도해야 한다.

먼저 말문을 여는 것은 서먹하고 힘들지만 그만큼의 이익이 있다. 대화의 주도권을 당신이 가져갈 수 있다. 싸움과 아무 상관이 없는 말이라도 좋다. 이왕이면 질문이 좋다. "뭐 마실래?"라는 질문에 "카푸치노"라는 대답이라도 돌아온다면 상대도 감정을 풀고 대화할 준비가 되었다는 뜻이다. 만약 아무 대답도 없이 무시한다면 마음이 풀리지 않았다는 증거이므로 이전 단계로 되돌아가야 한다.

다행히 오늘 군은 반응을 보였다. 두 사람은 대화할 준비가 됐다. 이제부터 조심스럽게 네 번째 단계를 진행해야 한다.

둘이 어떤 일로 싸우게 되었는지 다시 이야기해 보는 것이 시작이다. 원하는 바를 이야기하기 위해서는 서로의 욕구가 충돌했던 상황을 파악하는 것이 중요하다. 속상했던 경험을 꺼내놓기가 괴롭고 힘들겠지만 먼저 이야기하자. 이 상황을 주도할 수 있을 뿐 아니라, 상대의 반응을 보면서 그에 맞추어 말과 행동을 조절할 수도 있다. 다만 싸움에 관해 이야기할 때는 내 주관과 감정을 섞어서는 안 된다. 상대방의 의도를 추측해서 말하는 것도 금물이다. 어떤 일이 일어나서 싸우게 되었는지 사실만을 말해야 한다. 제 3자가 관전하듯이 감정과 주관을 분리해서 말하되, 구체적으로 말해야 한다.

"우리, 레스토랑에서 있었던 일 때문에 싸웠잖아."

이러면 듣는 사람이 오만가지 잡생각이 다 나게 된다. 너무 광범위하다. 무슨 일 때문에, 무슨 이유로 싸웠는지, 내가 그 싸움을 어떻게 파악하고 있는지 아무 것도 전달되지 않는다. 상대방이 자기 주관대로 해석할 여지만 줄 뿐이다.

"우리 레스토랑에서, 네가 내 편을 안 들어줘서 싸웠잖아."

이것은 싸움을 말렸던 오늘 군의 행동에 '내 편을 들어주지 않았다'는 내일 양의 주관적인 해석을 마음대로 갖다 붙인 것이다. 결과적으로 상대방에게 책임을 전가하는 말이 되어버린다. 같은 행동이라도 내 해석과 상대방의 해석은 다르다. 주관을 분리시키고 사실만을 이야기해야 한다.

"우리 레스토랑에서, 네가 날 서운하게 만들어서 싸웠잖아."

물론 감정을 표현하는 것도 필요하지만 감정과 원인을 연결시키는 것은 별로 좋은 방법이 아니다. 감정 자체는 싸움의 원인이 아니다. 어떤 일이 먼저 벌어졌기 때문에 감정이 따라온 것이다. 화를 내서, 서운하게 해서, 울게 해서 등등의 감정은 앞뒤 과정과 함께 이야기해야 한다.

"우리 레스토랑에서, 내가 친구들에게 화를 냈고 네가 그것을 말려서 싸웠잖아."

드디어 내일 양의 관점으로 어떤 상황이었는지를 구체적으로 언급했다. 그녀가 그러한 상황에 화를 냈던 것은 사실이고, 오늘 군이 말렸던 것도 사실이다. 감정이 들어가 있지만 둘의 싸움에서 느낀 감정이 아니라 일어난 사건에 대한 감정을 말하고 있다.

이렇게 이야기했다면 상대방도 뭐라고 대답을 할 것이다. 그 내용은 내일 양이 말한 것 같은 깔끔한 사실일 수도 있지만, 아마 대부분은 주관과 감정이 듬뿍 담긴 편향적인 내용일 것이다. 누가 먼저 잘못을 했고, 누구에게 책임이 있다는 식의 이야기 말이다. 그러나 실망하지는 말자. 상대는 그저 습관대로 말한 것뿐이고, 이 책을 읽기 전이라면 당신도 그렇게 말했을지도 모른다. 이제 대화의 물꼬가 트였으니 이제 서로가 원하는 것을 말해야 한다. 우리는 싸움의 기술 두 번째 단계에서 이미 원하는 것에 집중하는 방법을 알았다. 당신이 중요하게 생각하는 것을 상대방에게 알려줘야 한다.

내일 양의 사례를 통해 생각해보자. 내일 양이 진정으로 원하는 것은 무엇이었을까? 그녀가 원한 것은 그 상황에서 오늘 군이 자신의 편이 되어주는 것이었다.

"내가 너에게 화를 낸 이유는 그때 네가 내 편을 들어주길 바랐기 때문이야."

역시 사실만을 전달했다. 그 상황에서 자신이 원했던 바를 이야기 하는 것이다. 여기서 먼저 이야기하는 사람의 주도권이 확연히 드러난다. 이제 상대방이 할 이야기는 몇 가지로 나뉜다. 첫 번째는 '당신이 원하는 것'에 대한 반응으로 첫째 '내가 그걸 미처 몰랐었네. 미안하다' 와 같은 긍정적 인정. 둘째 '네 편을 들면 분위기가 더 나빠졌을 거야' 와 같은 합리적 변명. 셋째 '그러면 화를 내도 된다는 거야?' 와 같은 부정적인 공격이 있을 것이다.

인정과 변명은 당신도 반응하기가 쉬울 것이다. 상대방이 먼저 인정하고 사과까지 한다면 당신도 상대방이 한 것과 같이 반응하고 다음 단계로 넘어가면 된다. 변명의 경우, 상대방의 주장이 타당하다면 일단 인정해주고 그 배려와 도움에 대해서 고맙다는 말을 하는 것이 좋다. 그런 다음 자신의 서운한 감정을 차분하게 설명하여 아무리 합리적인 행동이었어도 받아들이는 입장에서 곤란했음을 전할 수 있다.

문제는 공격이다. 상대가 모든 원인을 당신에게 돌리는 상태에서는 대화가 진행되지 않는다. 싸움의 제 2차전이 땡하고 시작될 뿐이다. 이때는 당신의 감정을 충분히 전달할 필요가 있다. 직접 보여주는 것이 아니다. 감정을 단어로, 말로 전달하는 것이다.

"있잖아, 내 말 좀 들어봐. 나는 친구들보다 네가 소중해서 감싸주려고 그런 얘기를 했는데, 네가 내 편을 들어주지 않는다고 생각하니까 너무 속상하고 슬펐어. 그래서 화를 냈는데 너는 그게 서운했나 보네. 섭섭한 것이 있으면 지금 이야기해서 풀자. 그리고 네 입장도 이야기해줘. 왜 그때 친구들 편을 든 거야? 따지는 게 아니라, 네 생각을 이해하고 싶어."

이렇게 상대방에게 자신의 감정을 설명하도록 유도한다. 당신이 당신의 감정과 행동을 설명했다면 상대방 또한 자신의 감정과 행동을 설명하며 당신을 설득하려 할 것이다. 그러면 서로 원하는 바에 대한 이야기로 넘어갈 수 있다.

원하는 것에 대해 이야기할 때는 이 과정이 둘 모두를 위한 것이 되도록 주의를 기울여야 한다. 내가 원하는 것만 이루려고 하면 또다시 잘잘못 가리기가 반복된다. 내가 원하는 것을 전달하는 동시에 상대의 말도 적극적으로 들어주는 것이 중요하다.

앞서 서로의 감정에 대해서 충분히 이야기했다면, 이미 어느 정도 서로가 원하는 것을 들어줄 준비가 되었을 것이다. 강요하거나 정당화하지 않고 최대한 부드럽고 솔직하게 대화를 나누면 된다.

상대가 정확하게 욕구를 표현하지 않고 애매한 이야기만 하거나, 자신이 원하는 것을 아직 모를 수도 있다. 원하는 것 따윈 없다며 부정적인 태도로 자기 방어에 나설 수도 있다. 이때는 상대를 도와 좀 더 구체적인 답변을 유도할 필요가 있다.

"오늘아, 그때 내가 어떻게 해주길 바랐던 거야?"

들으려는 자세를 보이면서 질문을 하면 상대방도 자신이 바라는 것에 대해 다시 한 번 생각해보게 된다. 싸울 당시에 어떤 감정이 들었었는지, 내가 어떻게 했다면 화를 내지 않았을 것 같은지 질문하면서 차근차근 이야기를 나누면 된다.

문제는 이쪽에서 아무리 적극적으로 들으려 해도 상대방이 원하는 것을 솔직하게 전하려 하지 않을 때다.

"그걸 몰라서 물어? 너 정말 잘못한 게 뭔지 모르는구나? 사과도 안 하네."

　상대가 이런 태도로 일관하면 뚜렷한 해결법이 없다. 당신은 사람하고는 대화할 준비가 되어 있지만 벽과는 대화를 할 수 없기 때문이다. 종종 여자들이 이런 화법을 사용한다고 비난받지만 알려진 바와는 달리 이는 여자들 특유의 언어가 아니다. 남자도 저런 화법을 쓰는 경우가 생각보다 많다.

　남자든 여자든 이런 말을 하는 이유는 분명하다. 자신은 상대방보다 정당하고 우월한 위치에 있다고 여기며, 상대방에게 무조건 잘못했다는 대답을 듣기 원하기 때문이다. 상대가 아예 대화할 기회를 주지 않고 사과만을 강요하다가, 자기 기분 풀리면 그제야 아무런 일도 없었다는 듯이 군다면 관계에 대해 다시 생각해보자. 특히 결혼해서 한집에 같이 살 때 상대가 이렇게 나온다면 언제든 당하는 쪽이 폭발하게 되어있다. 이 말은 당신도 만약 이런 화법을 사용한다면 도리어 역으로 당하거나 관계 자체가 위태로워질 수 있는 위험성을 안고 있다는 뜻이다.

　또 한 가지, 상대방 쪽에서 엉뚱한 이야기로 화제를 전환하려고 하거나 더는 이야기하지 말자는 식으로 나오는 경우가 있다. 대개는 본인의 잘못을 인정하기 싫거나, 싸움을 진지하게 생각하지 않거나, 혹은 싸움을 지나치게 무서워해 무조건 피하려고 하기 때문이다. 책임을 회피하려 하는 경우에는 사과를 강요하지 않는다는 것을 보여주면 다시 원래 주제로 끌어올 수 있다. 그러나 싸움에 대해 진지하게 생각하지 않는 것은, 두 사람의 미래보다는 현재를 무탈하게 보내는 것에만 집중한다는 뜻이다. 싸움을 두려워하는 것 역시 큰 틀에서는 비슷하다.

싸움을 해결하려면 진지한 마음과 정성이 필요하다. 싸울 때와 마찬가지로 양쪽이 모두 집중해야 한다. 싸울 때만 집중하고 해결에는 무관심한 그 사람. 당신과의 문제를 풀 생각이나 있을까? 더 나은 미래를 고민하고 결혼을 고려해볼까? 관계에 진지하게 다가서는 것이 당신뿐이라면 아쉽게도 대화는 어려울 것이다.

상대가 진지하게 대화에 응하고, 서로가 원하는 바를 주고받았다면 이 단계는 거의 성공이다. 당신은 상대방이 원하는 바를 듣고서 오해했던 부분을 풀거나 스스로의 잘못을 알아낼 것이다. 상대방 또한 당신이 원하는 바를 듣고서 오해를 풀거나 자신의 잘못을 알아낼 것이다. 그 상황에서 어떤 일이 있었는지 이해할 것이고, 두 사람 모두에게 잘못이 있었거나 두 사람 모두 잘못한 게 없다는 것을 알게 될 것이다. 명백히 한쪽에게 잘못이 있어도 대화는 달라지지 않을 것이다. 당신은 혹은 상대방은 앞으로 그런 일이 반복되지 않기를 바랄 것이고 과거보다는 미래를 주제로 대화를 이어갈 것이다.

만약 당신이 한창 싸우는 중이었다면, 감정을 푸는 단계를 거쳤다 해도 분위기가 조금 긴장되어 있을 것이다. 이때에도 원하는 것을 전달하는 방법은 다르지 않다. 어떤 일 때문에 싸우게 되었는지를 말하고 당신이 원하는 것을 이야기한다. 상대방에게도 원하는 것을 말할 기회를 주고 서로가 이해할 시간을 가진다. 싸움 중이기 때문에 다시 언성이 높아질 수 있다. 절대로 상대방의 존엄성을 건드리지 말고 행동에 대해 원하는 바를 말해라.

"사람 말 진짜로 못 알아듣는다. 너 다른 데 가서도 이러니? 그 눈치로 사회생활은 어떻게 해?"

이런 표현은 금물이다.

"내 말을 안 들어줘서 속상하고 서운했어. 다른 사람들한테 하는 것처럼 내 말도 잘 들어주면 안 될까?"

상대의 인격은 건드리지 말고 행동이나 태도에 대한 아쉬움을 이야기하라. 구체적인 부분을 말하고 부드럽게 접근하라. 물론 싸움 중에는 이렇게 말하기 쉽지 않기 때문에 보통은 내일 양과 오늘 군처럼 싸움이 끝난 후 다시 만나서 해결하려고 한다. 하지만 싸움 중에도 충분히 시도할 수 있다. 그 상황에서 원하는 바를 이야기하자. 설명하게 만들고 경청하면서 원하는 바를 찾아내야 한다.

가끔 이렇게 생각하는 사람들도 있다.

"원하는 것을 꼭 말로 얘기할 필요가 있을까? 사랑한다면 당연히 내 마음 정도는 말하지 않아도 알아야 하는 거 아니야?"

왜 심리학자나 상담자들이 '경향'이라는 표현을 쓰는지 아는가?

수많은 사례 분석을 통해 사람들의 일반적인 심리를 알아낼 수는 있지만 개개인의 정확한 속마음을 아는 것은 어렵기 때문이다. 나도 굳이 이렇게 문제해결과정을 제시하기보다는 관계의 정답을 제시하고 싶다. 그러나 사람의 생각과 감정은 때에 따라서 달라진다. 누구나 돌발행동을 할 수 있고, 대화 도중에 자신의 마음을 바꾸기도 한다. 자신도 몰랐던 속마음을 싸움을 하면서 깨닫게 되기도 한다. 아무리 상대에게 깊은 관심을 갖고 지켜본다고 해도, 말로 꺼내지 않은 상대의 마음을 알아내는 것은 불가능하다.

또한 정말로 초능력이라도 써서 연인의 마음을 알아낸다 해도 싸움은 일어날 수밖에 없다. 상대의 욕구를 알았다고 해도 그것을 무조건 채워줄 수 있는 것도 아니고, 내 욕구가 무엇이라고 상대가 지적해준들 그것을 순순히 인정하기도 어렵다. 하지만 직접 말을 하면 그에 관해 대화를 나누고 서로가 책임을 갖게 된다. 그렇기에 원하는 것을 내 입으로 말하는 것이 중요하다.

원하는 것을 말로 표현할 때는 상대방의 화를 돋우거나 무시하는 표현은 피해야 한다. 남자친구가 관심도 없는 이야기만 늘어놓아서 짜증이 났던 예원 씨의 사례를 기억하는가? 그녀가 남자친구에게 자기 뜻을 전달한다고 해보자.

"야. 난 이제 그 축구랑 걸그룹 이야기가 지겨워."

처음부터 직설적으로 말을 건네는 것은 자칫하면 오해를 부를 수 있다. 물론 사람에 따라서는 단도직입적으로 말하면 화끈하다고 좋아하는 경우도 있다. 하지만 내가 좋아하는 것을 상대방이 싫다고 하는 것은 사랑이 아닌 주제로 화끈하게 싸울 빌미가 되기도 한다.

"나는 축구를 잘 몰라. 걸그룹 얘기도 좀 따라가기 힘드네."

조금은 나아졌다. 하지만 한 번에 너무 많은 것을 해결하려고 욕심을 부리기보다는 주제를 하나로 줄여 범위를 좁혀보자.

"네가 축구 이야기를 할 때마다 들어주고는 싶은데 내가 모르는 얘기다보니 어떻게 해야 할지 모르겠어. 함께 즐겁게 대화할 수 있는 내용을 찾으면 어떨까?"

내가 원하는 것을 명확히 전달하는 것이 핵심이다. 그렇다고 상대방을 무시하거나 비난해서는 안 된다. 상대가 스스로 알아차리고 적극적으로 변할 수 있도록 해야 한다. 그러기 위해서는 나의 마음을 솔직하게 진심을 담아 이야기하는 것이 제일 중요하다. 상대를 사랑해서, 그리고 더 좋은 관계를 위해서 원한다고 말해보자. 그래야 상대가 당신의 마음을 이해하고 긍정적인 판단을 내릴 것이다.

조율을 위한
규칙 만들기

내일 양이 바라는 것은 '내 편 들어주기'. 오늘 군이 바라는 것은 '내 행동에 대해 인정받기'. 서로가 원하는 것이 무엇인지는 알았다. 그러면 이제부터 어떻게 해야 할까?

어떤 사람들은 내가 원하는 것을 말했기 때문에 상대방이 내 부탁을 다 들어줄 것이라고 생각한다. 어떤 사람들은 상대방이 원하는 것을 말했기 때문에 내가 상대방의 부탁을 전부 들어주어야 한다고 생각한다. 내가 원하는 것과 상대방이 원하는 것이 양립할 수 없다고 생각하는 경우도 있다.

"신혼여행은 일본으로 가자."

"신혼여행은 푸켓으로 가자."

때로는 이렇게 한 번 뿐인 선택의 순간에 정말 공존할 수 없는 의견으로 대립하는 경우도 있다. 내가 양보를 하면 모든 것을 포기하는 느낌이다. 상대방이 양보를 하면 모든 것을 얻은 느낌이다. 마치 양보를 받은 사람이 우위를 점한 것 같은 느낌이다. 그리고 이 우위를 빼앗기지 않기 위해 싸움을 하려고 한다. 최선의 방법은 서로가 원하는 것을 모두 충족할 수 있는 제3의 해결책을 함께 만드는 것이다. 각자의 욕구는 평행선을 달리는 것처럼 보이지만 실제로는 나름의 공통분모를 가지고 있을 때가 많다. 차이점 역시 충분히 조율해 나갈 수 있는 영역 안이다. 그것을 생각하면 함께 해결책 만들기는 조율의 효과를 극대화하는 방법이다. 최선의 선택을 하면서도 우위나 주도권을 빼앗긴 느낌을 받지 않을 수 있다.

먼저 일반적으로 조율이 가능한 싸움들을 생각해보자. 내일 양과 오늘 군의 싸움처럼 말이다. 이런 싸움은 주로 일상 속의 말이나 행동이 서로의 욕구와 충돌하여 일어난다. 그러므로 일상에서, 또 앞으로의 관계 속에서 구체적으로 서로의 욕구를 채워줄 수 있는 '실천 규칙'을 함께 만드는 것이 효과적인 해결책이 될 것이다. 좋은 실천 규칙은 여러가지 형태가 있을 수 있겠지만 여기서는 'HOWH = HR'에서 소개한 '목표(Outcome)의 5가지 원칙'을 바탕으로 이야기하겠다.

① 긍정적이어야 한다.

조율을 위한 규칙은 지금보다 나은 결과를 얻고, 그 결과를 두 사람이 긍정적으로 생각할 수 있는 것이어야 한다.

'다른 사람과 문제가 생겼을 때 가급적 내 편을 들어주고, 그러지 못했을 때는 이유를 설명해주기. 그리고 나는 그런 행동을 최대한 인정하고 지지해주기'와 같이 긍정적인 규칙을 설정하면, 내일 양의 입장에서는 자신의 편을 들어줄 가능성이 높아지고 만약 그렇지 못할 경우 설명을 들을 수 있다. 오늘 군의 입장에서는 자신이 그렇게 행동했어야 하는 이유를 말하고 인정받을 수 있는 기회를 얻을 수 있는 셈이다.

'내 편을 안 들어주면 벌금 내기. 인정 안 해주면 무조건 사과하기' 같은 규칙에는 그런 이점이 없다. 우리는 처벌을 통해 행동을 교정하는 엄격한 감시자가 아니다. 서로에게 긍정적인 보상이나 긍정적인 미래를 가져다 줄 수 있는 방법으로 조율해야 한다. 싸웠던 과거, 현재보다 나은 미래를 만드는 것이 서로의 목표고, 싸움을 해결하는 것이 목표이기 때문이다. 따라서 벌금이나 무조건 사과하기 같은 규칙은 피하는 것이 좋다. 단, 흡연이나 게임 과몰입 같이 두 사람 사이에서 문제를 일으키는 행동은 합의하에 금지하는 것도 필요하다. 정말 나쁜 행동이라면 두 사람 사이의 미래를 해칠 테니까.

② 내가 할 수 있는 것이어야 한다.

조율 규칙은 내가 할 수 있는 범위 내의 것이어야 한다. 바꿔 말하면 서로가 하는 데에 어려움이 없어야 한다는 뜻이다.

매 상황마다 서로가 바라는 것을 해결해줄 수는 없다. '평생 눈물 흘리지 않게 하겠다' 이런 지키기 어려운 말보다는 '때로는 눈물을 흘리게 만들 수 있지만 그때마다 최대한 사랑과 믿음으로 보듬어주려고 노력하겠다' 이런 규칙이 어떤 상황에서도 지킬 수 있는 맹세가 되는 것이다. 지킬 수 없는 규칙은 조율에 도움이 되지 않는다. 오히려 왜 지키지도 못할 약속을 하느냐며 제 2의 싸움 소재가 될 것이다.

③ 확인 가능해야 한다.

간혹 규칙을 지킨 건지 안 지킨 건지 모호한 경우가 생길 수 있다. 규칙은 지켜졌는지 여부를 바로 확인할 수 있어야 한다. 또한 부득이하게 지키지 못했을 때에는 상대방이 알아챌 수 있게 내가 지키려고 노력 중이라는 것을 표현할 방법을 정해 두는 것이 좋다. 만약 편을 들어주기 힘든 상황이라면 손을 살짝 잡아준다든가, 인정해주는 표현이라는 것을 나타낼 때는 말끝에 사랑한다는 표현을 붙이는 등의 방식으로 말이다.

내일 양과 오늘 군의 레스토랑 사건 때처럼 오히려 편을 들어주지 않는 것이 더 나은 결과를 가져온다면, 손을 잡아줌으로써 '널 위해서 하는 거니까 화 내지 말고 좋게 넘어가자'는 신호를 보낼 수 있다. 또 계산하는 남자친구에게 네 배려를 인정해준다는 표현으로 "내 카드로 계산해, 그리고 사랑해!" 라고 덧붙일 수 있다.

④ 결과의 모습이 구체적이어야 한다.

규칙은 지켰을 때 그 결과가 구체적으로 그려져야 한다.

두 사람이 규칙을 지킨다면 레스토랑에서 내일 양이 화를 참을 것이고, 오늘 군은 비싼 식사비를 지불하면서도 인상이 구겨지지 않을 것이다. 둘은 돌아가는 길에 싸우지 않을 것이고, 오히려 "나 화난 거 티 났어?", "계산서 보는데 손이 부들부들 떨리더라" 같이 과거의 상황을 웃고 넘길 수 있을 것이다. 무책임했던 친구들을 봐도 '너희가 아직 남친이 없어서 그렇지' 하고 피식 웃거나, 생활비를 줄이면서도 '그래도 내가 여친 체면은 세워주었지' 하며 다음 달 봉급날까지 짜증내지 않고 기다릴 수 있다.

규칙을 지켰을 때 그려지는 결과가 구체적이지 않고 모호하다면 지킬 의욕도 덜하고, 규칙이 왜 필요한지도 모를 것이다. 나는 그려지는데 상대방은 그려지지 않는다면 내게 보이는 미래를 이야기하는 것도 좋은 방법이다. 반대의 상황이라면 잘 들어 두자. 때로는 두 사람이 규칙에 대해 조율하면서 그 결과를 같이 그려보는 것도 구체적으로 만드는 데에 큰 도움이 될 수 있을 것이다.

⑤ 단문으로 명확해야 한다.

규칙은 기억하기 쉬워야 한다. 너무 길고 어려운 규칙은 지켜야할 때 헷갈리기 쉽고, 처음 만들 때부터 어딘가 마음에 들지 않을 가능성이 크다.

"나한테 화내기 전에 사랑한다고 말해줘."

화를 내는 행동과 사랑이라는 감정은 얼마나 상반된 것인가. 이 규칙에 담긴 의미는 말하는 사람이나 듣는 사람의 감수성을 자극하는 깊음이 있다. 이렇게 간단하면서도 명확한 목표는 지키기도 쉽고 지켜야 할 이유를 충분히 보여준다. 기억하기도 쉽다.

또한 꼭 지켜 주었으면 하는 규칙은 표현 또한 그만큼 강력하고 명확해야 한다. 규칙 중에는 '되도록 하면 좋은 것'도 있지만 '단 한 번의 예외도 없이 꼭 지켜져야 하는 것'도 있다. 이런 규칙은 '반드시' '절대'와 같은 강한 표현을 포함하자. '절대 바람피우지 말 것' '성관계 시 내가 싫다는 표현을 하면 반드시 멈출 것'과 같은 식으로 말이다.

규칙을 만들 때에는 이 5가지를 참고하면 좋다. 할 수만 있다면 전부 반영하면 좋겠지만 일부만 반영해도 좋다. 더 좋은 원칙을 발견한다면 대체할 수도 있다. 그러나 한 가지만은 기억해두자. 우리는 싸움을 기회로 삼아 더 나은 관계를 유지하기 위해 규칙을 만드는 것이다. 상대를 억압하고 조종하기 위해 만드는 것이 아니다.

때로는 서로의 의견을 조율하기 힘든 경우도 있다. 신혼여행으로 가고 싶은 여행지가 다를 때처럼, 기회나 자원은 한정되어 있고 지금 내린 결정을 다시는 되돌릴 수 없는 상황에서 서로가 원하는 것이 다른 경우이다.

먼저 두 사람의 의견 중에 어느 것이 두 사람 모두에게 더 이로울지를 따져보는 것이 좋다. 신혼여행지의 경우 일본과 푸켓 중 어디가 더 만족스러울 것인가를 생각해보는 것이다. 구체적이고 자세하게, 여행경비부터 관광지까지. 서로가 준비해온 자료들을 본다면 어디가 더 매력적인 선택지인지 알 수 있을 것이다.

또 어느 한쪽의 의견이 채택되었다면 다른 부분에서 결정권을 제공하자. 신혼여행지가 내 주장대로 일본으로 정해졌다면 구체적인 여행 계획은 상대방에게 결정권을 주자. 상대방의 주장으로 여행지가 결정되었다면 나도 다른 것에서 결정권을 요구하자.

서로가 원하는 것들을 주고받았다면 그것도 하나의 조율 과정이다. 어느 한 사람이 기꺼이 양보를 하거나 일임을 한다면 싸울 일도 없을 것이다. 그렇지 않다면 최대한 두 사람이 공정한 조율을 통해 문제를 해결하는 것이 좋다. 아니면 여행 컨설턴트와 같이 제3자의 객관적인 추천을 받는 것도 나쁘지 않다.

조율이 힘든 경우에도 명심할 것은 하나이다. 더 나은 관계를 위해서 조율을 한다는 것. 먼저 양보한다고 당신이 주도권을 잃는 것이 아니다. 싸움에서 진 것이 아니다. 오히려 먼저 양보함으로써 나중에 다른 일에서 양보 받을 명분이 생기는 것이고, 상대방이 나에게 미안함과 고마움을 가지도록 만들 수 있다. 그 양보는 장기적으로 보면 당신에게 배려로 돌아올 것이다.

실천하고
함께 피드백하기

규칙을 만들었다면, 관계를 회복하고 더 나은 상황을 만들기위해 노력한 결과가 나오기까지 얼마 남지 않았다. 그러나 아직 중요한 과정이 하나 남아있다. 바로 실천하고 피드백하는 것이다.

"규칙을 만들면 당연히 지키는 것 아닌가?"

아쉽게도 대부분의 사람은 규칙을 지키는 데에 생각보다 적극적이지 않다. 싸울 때는 룰과 매너를 지키기로 했음에도 다음 싸움에서는 룰은 무시, 매너는 행방불명이 되어버린다. 싸움이 날 상황을 잘 풀어가고, 싸움이 나더라도 덜 화내고 덜 슬퍼하기 위해서 이렇게 노력했건만 무엇이 또 부족했던 걸까?

그 답은 의외로 간단하다. 규칙을 만들었다면 지키겠다고 서로에게 약속하자.

당신의 입에서, 상대방의 입에서 지키겠다는 결심이 말로 나오는 순간 서로의 무의식은 '약속을 지켜야 한다'고 입력한다. 히포크라테스 선서나 법원에서의 맹세 등도 이런 원리이다. 지키지 못했을 때 죄책감을 느끼고 지켰을 때 안정감을 느끼는 것은 무의식의 활약이다.

처음에는 부끄러울 수 있다. 아니, 애초에 싸운 것 가지고 규칙을 만들었다는 부분이 어색하고 창피할 수도 있다. 우리가 무슨 애도 아니고, 규칙을 만들고 약속을 하고……. 하지만 잘 생각해보자. 우리는 태어나면서 죽을 때까지 수많은 규칙을 지키고 산다. 법을 준수하고, 도덕을 지키려 한다. 집에서도 가족끼리의 규칙이 있을 것이고, 친구들끼리도 규칙이 있을 것이다. 학교에서는 학교에서의 규칙이, 직장에서는 직장에서의 규칙이 있다.

사랑하는 사이에도 규칙이 있다. 당신이 사랑을 주고받는 순간부터 무언의 규칙이 생겨난다. 앞서 만든 규칙은 이런 규칙을 하나 더 하는 것에 불과하다. 그리고 조금만 노력하면 당신의 무의식이 규칙을 기억한다. 이 과정은 두 사람이 결혼을 한 후에도 행복한 가정을 지켜 나갈 수 있는 초석이 된다.

약속을 지키는 것에는 다른 의미도 있다. 앞으로도 두 사람이 계속이 관계를 유지할 것이라는 믿음이다. 상대방이 당신에게 가치가 없다면 규칙을 만들 필요도 없다. 어차피 헤어질 사이고 고통만 주고받는 사이인데 왜 해결이 필요한가. 차라리 끊어버리면 될 텐데. 당신이 화가 나고, 슬퍼한다는 것은 아직 상대방에게 원하는 것이 있을 정도로 당신의 삶 속에서 상대방이 가치가 있다는 것이다. 규칙은 그 가치가 좀 더 오래가도록 도와준다. 혹여 나중에 헤어지더라도 사랑한 시간이 아깝지 않게 느껴지는 관계가 되고 싶다면 규칙을 만들고 약속을 지키는 것이 필요하다.

너무 어렵다고? 그렇다면 예를 한 가지 들어보자. 당신이 지금까지 살아오면서 만났던 사람들을 떠올려보자. 이성으로 사랑하는 관계 말고! 이왕이면 친구를 떠올리는 것이 좋겠다. 친구 하나 없는 사람은 없을 테니까. 지금까지 좋은 관계를 계속 유지하는 친구와 나쁜 관계를 유지하는 친구를 떠올려보자. 좋은 친구는 지금까지도 만나거나 연락을 하고 있을 것이고, 나쁜 친구는 이미 연락이 끊겼거나 억지로 가끔 보고 있을 것이다.

좋은 친구들과는 어떤 규칙을 지키고 있을까? 서로 말로 정한 규칙도 있을 것이고, 암묵적으로 정해진 규칙도 있을 것이다. 한 달에 한 번 정도는 만나자거나, 서로 자존심에 상처 주지 말자는 규칙도 있을 것이다. 밤늦게 전화하지 말자는 규칙도 있을 수 있다. 사람에 따라서 여러 가지 규칙이 있을 것이다.

나쁜 친구는 어떨까? 나쁜 친구와도 규칙은 있겠지만 차이점이 있다면 규칙이 잘 안 지켜진다는 것이다. 새벽 3시에 별 이상한 이유로 전화를 한다든가, 돈을 꿔 놓고 갚을 생각을 하지 않는다든가, 내키는 대로 짜증을 부리고 사과도 하지 않는다거나, 내가 없을 때 나에 관한 험담을 한다든가, 친구 사이에서 중요한 규칙들을 당연하게 어기는 일이 잦을 것이다.

물론 좋은 친구들도 규칙을 어길 때가 있다. 하지만 적어도 이해할 수 있는 수준이거나 당신이 받는 피해보다 친구가 주는 기쁨이 크기 때문에 넘어가줄 수 있다. 1년에 한 번은 꼭 여행을 가기로 약속했지만 직장일로 빠지는 것은 이해할 수 있다. 번번이 약속시간보다 늦지만 만나면 기다린 시간이 아깝지 않기 때문에 넘어갈 수 있다.

나쁜 친구는 이해하거나 넘어갈 수 없다. 새벽에 전화를 자제해 달라고 말했고 상대방도 동의했지만 당연한 듯이 어긴다. 돈을 갚겠다고 해놓고 모르는 척한다. 친구끼리 사이좋게 지내라는 것은 초등학교 교과서에도 나온 말이건만 툭하면 화를 내고 짜증을 낸다. 친구라고 생각한다면 그렇게 심한 험담을 할 수 없을 텐데도 반복한다.

좋은 친구와 나쁜 친구의 차이는 서로의 규칙을 지키느냐 아니냐에 달렸다. 반대로 당신도 좋은 친구와 나쁜 친구 중에 하나가 될 수 있다. 평가는 당신만 하는 것이 아니다. 친구도 당신을 평가한다. 두 사람이 규칙을 지킨다면 서로가 좋은 친구로 남을 수 있다. 사랑하는 사이에서도 마찬가지다. 서로 규칙을 만들고 약속을 하는 것은 내가 좋아하는 상대방과 상대방이 좋아하는 나를 계속 유지하고 나쁜 사람이 되지 않기 위한 인간관계의 공식인 것이다.

이제 말을 했으니 실천하기만 하면 규칙은 완전히 서로의 것으로 자리 잡을 수 있다. 그러나 실천한다는 것은 말처럼 쉽지 않다. 왜일까? 먼저 실천해야 할 상황에서 규칙이 미처 떠오르지 않아서다. 규칙이 낯설 수도 있고, 너무 예전에 만든 규칙이기 때문일 수도 있다.

또 규칙이 너무 많아서일 수도 있다.

규칙이 낯설다면 의도적으로 계속 사용하려고 시도해야 한다. 최근에 싸웠다면 그 싸움의 기억은 아직 남아있을 것이다. 싸움의 불쾌함은 오래 기억하면서 왜 싸움을 해결할, 방지할 규칙은 기억하려고 하지 않을까? 싸움을 연상할 때 규칙을 떠올려라. 싸움의 불쾌함이 떠오른다면 규칙으로 해결할 수 있다는 긍정적인 생각으로 바꾸어서 기억해보자. 싸움의 기억이 쓰라리다는 것은 오히려 규칙을 기억할 기회이다.

너무 오래 전에 만든 규칙이라 잊어버렸을 수도 있다. 상대방에게 솔직하게, 너무 오래 돼서 기억이 나지 않았다고 말하고 새로 기억하거나 좀더 기억하기 쉽게 규칙에 변형을 가하는 방법도 있다.

규칙이 너무 많아서 기억하기 힘들다면 규칙을 줄일 필요가 있다. 규칙은 서로 간에 가장 필요한 것만으로 충분하다. 공통되는 규칙을 묶어 하나로 만들고 즉석에서 조율할 수 있는 것은 굳이 규칙으로 만들지 말자. 규칙이 많아지면 얽매이는 것 같은 기분이 들고, 관계에 불안한 틈이 생긴다. 거의 일어나지 않는 상황에 대한 것이라면 규칙을 정하기보다는 그 자리에서 조율을 해서 해결하는 것도 좋은 방법이다. 규칙 대신 다음번에는 서로에게 배려하자는 다짐으로 바꾸어도 좋다. 가장 중요하다고 생각하거나 최근에 만들어진 규칙부터 기억하고 지키려고 해보자. 규칙은 3가지가 적당하며, 긍정적인 규칙은 하면 좋은 것으로, 꼭 지켜야 할 규칙은 절대 하지 말아야 할 나쁜 행동으로 줄이면 효과적이다.

처음에는 의외로 규칙을 실천할 기회가 없을 수도 있다. 내일 양과 오늘 군의 이야기를 생각해보자. 친구들에게 애인을 소개할 기회가 많을까? 앞으로 다시 일어나지 않을 수도 있는 상황이다. 그렇다면 규칙을 만들어놓고도 사용할 기회가 없을 수도 있다는 이야기가 아닐까?

하지만 이렇게 생각해보자. 물론 그 상황이 다시 일어난다는 보장은 없어도 그 상황과 비슷한 상황, 그리고 다른 상황에서도 내 편을 들어주길 바란다는, 인정받고 싶다는 신념은 있을 것이다. 그 상황이 신념을 욕구로 강하게 드러나게 했을 뿐 평소에도 무의식은 신념을 기억하고 있을 것이다. 다른 상황에서도 규칙을 응용해서 적용해본다면 어떨까? 직장에서의 고생을 이야기하는 내일 양의 손을 잡아주고, 직장에서의 성공을 자랑하는 오늘 군에게 대단하다고 말해주자. 조금만 주의를 기울이면 얼마든지 실천할 기회는 많다. 처음 한 번이 어려운 법이다. 한 번 시도하고 나면 얼마든지 실천할 기회가 눈에 보일 것이다.

피드백? 어렵게 생각하지 말자. 어차피 규칙을 실천하면서 조정하는 과정은 함께 피드백을 해야만 이루어질 수 있기 때문이다. 우리가 사랑하는 사람과 나누는 말 한마디, 움직이는 모습 하나하나가 상대방에게 피드백이 된다. 만약 상대방에게 피드백을 원한다면 솔직하게 물어보자. 상대가 기대한 만큼 피드백을 주지 못한다 해도 실망할 필요는 없다. 한 번의 싸움에서 하나씩의 단계만 올라가도 충분하다. 다행인지 불행인지 싸우고 싶어 하지 않아도 싸울 기회는 무수히 많다. 천천히 조율해나간다면 점점 서로가 능숙해질 것이다.

싸움의 기술 여섯 단계의 핵심은 나와 상대를 동등하게 생각하는 것이다. 상대를 꺾거나 누르기 위한 기술도 아니고 나를 누르고 양보하며 눈앞의 갈등만 회피하는 기술도 아니다. 나와 상대방을 함께 배려하면서 감정과 이성을 모두 보듬는 기술이고 시간이 걸리더라도 차근차근 최선의 결과로 나아가는 기술이다. 그렇게 얻어지는 것이 바로 둘 모두의 승리다. 충분히 가치 있는 그 결실을 위해, 여섯 단계를 다시 되짚어보자.

첫 번째 단계, 자신의 화난 마음을 해소한다.

일단 화가 나면 뇌는 빠르게 상황을 해결하길 원하고, 무의식적으로 손쉬운 해결책을 찾게 된다. 상대를 비난하고 자신을 방어하는 것이다. 그 상태로 자신을 내버려두면 서로에게 깊은 상처를 줄 수 있다. 싸움을 해결하려고 나서기 전에 먼저 자신의 화난 마음을 다스리는 노하우가 필요하다.

잠시 자리를 피하거나, 사람이 많은 장소로 자리를 옮기거나, 상대와 행복했던 경험을 떠올리거나, 호흡을 가다듬거나, 잠시 화장실을 다녀오는 등 무엇이든 좋다. 화난 마음을 해소할 수 있다는 자기 믿음을 가지자. 자신만의 노하우를 발견하자. 앞에 있는 상대에게 화를 고스란히 쏟아 붓는 것 말고 뭐든지 좋다.

두 번째 단계, 원하는 것에 집중한다.

싸울 만큼 화가 났다는 것은 내가 중요하게 여기는 규칙이 깨졌다는 신호이다. 상대가 나를 함부로 대하거나, 내가 싫어하는 행동을 하거나, 소중하게 여기는 것을 가볍게 대했을 것이다. 그 때문에 나를 보호하기 위한 방어시스템이 발동한 것이다. 원인으로 되돌아가 내가 원하는 것과 목적에 집중해야 한다. 상대가 나의 어떤 규칙을 지켜주었으면 좋겠는가? 내가 얻고자 하는 것은 무엇인가?

싸움 이후에 어떤 긍정적인 관계를 원하는지 생각해보자. 목표가 분명하지 않다면 상대의 욕구에 따라갈 수밖에 없다. 내가 원하는 것과 목표하는 것을 긍정적이고 실현 가능한 형태로 정리해보자.

세 번째 단계, 상대방의 마음을 풀어준다.

아마도 첫 번째 단계를 실행하기 전에 이미 상처 주는 말을 주고받았을 것이다. 지금 상대의 마음은 어떤가? 당황하여 어쩔 줄 몰라 하든지, 분노에 차 있을 것이다. 상대의 마음을 풀어주어야 원하는 것을 이루는 데 함께 집중할 수 있다.

상대의 마음을 푸는 것은 생각보다 간단하다. 경청하는 것이다. 경청의 핵심은 상대의 생각보다 마음이 말하는 감정을 읽어주는 것이다. 화나고, 당황하고, 놀라고, 힘들고, 슬프고, 답답하고, 짜증나는 감정에 반응해주자. 상대의 주장에 일일이 반응하는 것보다 훨씬 영향력이 크다. 성난 호랑이라도 감정을 잘 읽어주면 잠깐 사이에 순한 고양이가 되어 있을 것이다.

네 번째 단계, 서로 원하는 것을 이야기한다.

내 주관과 감정으로 상대를 공격하지 않으면서, 각자가 서로에게 무엇을 원하는지 솔직하게 이야기하는 것이다. 상대의 행동을 자기 주관대로 해석하거나, 남에게 책임을 묻는 말 없이 사실만을 이야기하고 받아들여야 한다. 또한 내가 원하는 것을 전달할 때에도, 상대방의 본질을 부정하지 않으며 부드럽고 정중하게 부탁해야 한다. 상대가 무엇을 원하는지 자세히 알고, 내가 원하는 것을 상대에게 이해시킨다면 해결 방법을 찾아갈 수 있다.

다섯 번째 단계, 실천 규칙을 만든다.

둘 모두 원하는 것을 얻고 만족할 수 있는 방법을 함께 고민하여 결정한다. 일상생활에서 서로의 신념을 지켜주기 위해 각자가 무엇을 할 수 있을지 대화를 통해 알아나가는 것이다.

실천할 수 없는 어려운 목표나 복잡한 규칙은 오히려 더 큰 불화를 부를 뿐이다. 규칙은 긍정적이어야 하고, 내가 할 수 있어야 하고, 확인 가능하며, 결과가 구체적이고, 단문으로 명확해야 한다. 규칙을 만드는 것은 서로를 통제하기 위해서가 아니라 행복한 관계를 위해서임을 기억하자.

여섯 번째 단계, 서로 약속하고 규칙을 실천에 옮긴다.

규칙을 실천해나가는 것 또한, 조율의 과정이다. 그리고 실천하기 위해서는 서로 도와야 한다. 약속을 실천하기 위해 최선을 다하고, 상대가 실천하려고 노력하는 모습을 보이면 내가 얼마나 고마운지, 행복한지 표현해주자. 내가 어떤 노력을 하고 있는지 알려주는 것도 좋다. 규칙을 지키는 것은 사랑하고 사랑받는 과정이다. 그것을 충실히 느끼고 그만큼 행복할 수 있다면 두 사람의 관계에는 걱정이 없을 것이다.

Fifth Love Therapy

불필요한 싸움을 피하는 7가지 방법

싸움이 되기 전에 서로의 욕구를 알아채고
대화하며 해결할 수 있다면 그것이 최선이다.

If you would be loved, love and be lovable.

사랑받고 싶다면 사랑하라, 그리고 사랑스럽게 행동하라.

- 벤자민 프랭클린

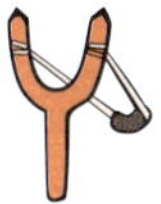

싸움은 조율을 위한 소중한 시간이다. 잘 싸우는 기술이 있다면 둘 모두 승자가 되어 더 나은 관계가 될 수 있다. 내가 거듭 강조하고 전해주고 싶은 이야기이다. 하지만 싸움에 긍정적인 측면이 아무리 많다 해도, 여전히 싸움에는 크고 작은 아픔이 따라온다. 날카로운 충돌, 상처, 결별의 리스크, 상대방에게 상처 줄지 모른다는 불안과 죄책감……. 싸우고 싶지 않은 사람들은 이렇게 반문할 것이다.

"꼭 그렇게 싸워가며 조율을 해야 하나요?"

물론 그렇지 않다. 싸움이 되기 전에 서로의 욕구를 알아채고 대화하며 해결할 수 있다면 그것이 최선이다. 또 미처 해결하지 못한 채 갈등이 표면화되었다고 해도, 그것을 반드시 싸움으로 풀어가야 하는 것은 아니다.

특히 '나쁜 싸움'이 시작될 가능성이 높을 때, 싸움이 조율로 이어지기 어려울 때는 무의미한 분쟁을 하기보다는 미리 피해버리는 것이 훨씬 낫다. 나름 싸움의 기술을 숙지했더라도, 싸움 중에는 내 마음 나도 모르는 법. 순간 이성이 날아가 의도대로 행동하지 못할 수가 있다. 나는 싸움의 기술을 익혔지만 상대방은 아직 준비되지 않았을 경우에도 조율을 낙관하기는 어렵다.

싸움이 너무 잦아진다 싶을 때도 피하는 것이 낫다. 자칫하면 조율을 시도하는 데 지치거나 조율의 작업 자체가 의미 없어진다. 싸움이 조율하는 시간이라지만 툭하면 싸움이 일어나는데 어떻게 조율이 성공했다고 생각할까? 또한 잦은 싸움은 싸움 기술의 효과를 축소시킨다. 싸움이 반복되다보면 룰과 매너가 매번 지켜진다는 보장도 없다. 충돌할 거리가 많아지면 우리는 몇 배나 더 신경을 써야 한다. 이 책에서 싸움을 긍정하더라도, 궁극적으로는 싸움을 줄여나가야지 늘려나가는 것이 목표라고는 할 수 없다.

연애 초기에도 싸움을 피하는 것이 좋다. 만나기 시작한 그 순간부터 사랑이 불타오르는 커플은 거의 없다. 보통은 상대에 대한 확신이 없는 상태에서 조금씩 마음을 열어가며 사랑을 키워간다. 그런데 이 단계에서는 힘든 충돌을 견디며 문제를 해결할 의욕이 아직 없다. 미숙한 커플 사이에서 일어나는 싸움은 두 사람의 사랑이 시작되는 데 큰 장애물이 될 수 있다는 이야기다. 사랑하기는 하지만 아직 서로에 대한 신뢰가 자리잡지 않은 연애의 초반 단계, 또는 '저 사람하고 사귀어도 될까?' 고민하는 탐색 단계에서는 최대한 싸움을 피하라고 권하고 싶다.

그렇다면 싸움을 어떻게 피해야 될까? 참고 외면하는 것이 방법이 아님은 새삼 다시 이야기할 필요도 없을 것이다. 잘 싸우는 기술이 있다면 싸움을 잘 피하는 기술도 있다. 문제가 될 수 있는 사안을 조심스럽게 다루고, 싸울 만한 문제는 미리 조율해 두는 것이 가장 좋은 방법이다.

서로의 가치
존중하기

아마 대부분의 사람들은 나의 연인에겐 내가 가장 소중한 존재라고, 그래야만 한다고 굳게 믿을 것이다. 그래서 상대의 관심이 나 말고 다른 대상에게 머무르면 서운해하거나 화를 내고, 사랑이 식었나 노심초사한다. 그러나 이성과 교제중인 100명을 대상으로 인터넷

설문조사를 한 결과 고작 16명만이 연인이 가장 소중하다고 했다. 나머지 84명은 연인과 비슷하거나 그보다 더 큰 가치가 있다고 했다. 그중 8명은 사랑하는 사람보다 더 큰 가치가 있다고 대답했다.

사랑은 통계로 풀어가기 어려운 주제이지만, 많은 사람이 연인 이외의 가치를 최우선으로 꼽았다는 사실은 궁금증을 불러일으킨다. 과연 그들은 무엇을 가장 우선시하고 있을까? 그나마 가족이라고 하면 받아들일 만하고, 일이 중요하다고 하면 그럭저럭이나마 수긍은 갈 것이다. 돈이나 취미가 제일 중요하다고 답한 사람은 비난도 받을 것이다.

그런데 이들이 그리 남다른 사람인 것은 아니다. 연인이 최고의 가치라고 답한 사람이라도, 가끔은 다른 가치를 연인보다 우선시할 때가 있다. 당신이 컴퓨터 앞에 앉아서 밀린 드라마를 보며 즐거워할 때, 핸드폰 게임에 푹 빠져 있을 때 연인 생각이 날까? 삶이란 여러 요소로 이루어져있고, 우리가 중심을 두는 부분도 그때그때 다르다. 설문조사 내용은 실제 그 사람의 연애 형태보다는 본질적인 가치관 조사에 가깝다. 객관적으로 보아도, 항상 특정한 가치에만 집중하는 삶보다는 두루두루 여러 가치를 균형 있게 추구하는 삶이 더 건강하다.

하지만 우리는 늘 최고로 소중한 존재로 대우받기를 원한다. 언제, 어디에서, 무엇을 하든지. 내가 상대방의 마음속 순위에서 밀려나는 느낌이 들면 서운함을 느끼고 상대를 원망한다. 우리 자신에게도 상대 못지않게 소중하게 여기는 가치가 여럿 있음에도 말이다.

 일우 씨는 얼마 전 여자친구가 한 말 때문에 기분이 나빴다.

"돈도 안 되는 밴드 언제까지 붙들고 있을 거야. 철 좀 들고 취직자리 좀 알아봐."

여자친구가 자신의 밴드 활동에 불만을 가지고 있다는 것은 예전부터 알고 있었다. 인디밴드로 성공하기는 쉽지 않은 것도 안다. 그래도 그는 음악이 좋았다. 악기 레슨으로 당장의 생활비를 마련하면서, 언젠가 정식 앨범을 내는 것을 목표로 밴드 활동을 계속할 생각이었다.

처음에는 그녀도 일우 씨를 이해하고 지지해주는 것처럼 보였다. 하지만 사이가 깊어갈수록 지지보다는 잔소리가 늘어갔다. 급기야는 기분 나쁜 말을 스스럼없이 했다. 그래도 그는 이해하려고 노력했다. 직장인인 여자친구는 수입이 불안정한 일우 씨를 생각해서 데이트 비용도 더 많이 부담하고 있었고, 표현이야 어쨌든 일우 씨의 장래를 염려하고 있었다. 크리스마스나 연말 같이 남들이 연인과 보내는 시기에 일우 씨의 공연이 잡혀 함께 보내지 못한 적도 많았다. 그동안 미안했던 것을 생각하면서 일우 씨는 서운한 마음을 꾹 참아 넘겼다.

하지만 더는 참을 수 없는 순간이 왔다.

"인디 음악이 그렇게 별다른지 난 모르겠는데. 솔직히 인기 없으면 인디 아닌가?"

여자친구는 별 생각 없이 이야기했는지도 모른다. 하지만 인내심이 한계에 달한 일우 씨는 결국 여자친구와 싸우고 말았다. 그는 언성을 높여 가며 더 이상 자신의 음악을 무시하지 말라고 소리쳤다.

비록 화를 내긴 했지만, 일우 씨의 뜻은 자신을 이해해달라는 것이었다. 하지만 여자친구의 응수는 뜻밖이었다.

"지금 그깟 음악 때문에 나한테 이렇게 화를 내는 거야? 음악이 중요해? 내가 더 중요해?"

일우 씨는 말문이 막혔다. 어떻게 말을 해도 저렇게 하지?

"음악이 중요해, 너보다."

그는 스스로도 놀랄만큼 차갑게 말하고 자리에서 일어섰다.

연인의 마음속을 차지하고 있는 가치들은 당신의 라이벌이 아니다. 오히려 그 사람 자신에 가깝다. 가족, 친구, 일, 취미, 돈, 명예 등 무엇이 되었든 그 사람이 계속 삶에서 추구해온 가치이고, 그 사람의 삶을 구성하는 것을 넘어서 그 사람의 일부와 같은 것이다. 일우 씨의 밴드 활동도 마찬가지다. 그에게 음악은 오랫동안 추구해온 목표이고 인생의 의미와도 같은 중요한 가치이기 때문에 쉽사리 포기할 수도 없고 하찮게 취급당하면 화가 나는 것이다.

상대방이 중요하게 생각하는 가치가 무엇인지 아는 것은 그 사람을 이해하는 데 중요한 부분이다. 그리고 그 가치를 인정해주는 것은 그 사람의 일부를 인정하는 것이다. 내가 상대방을 인정하고 존중하면 상대도 그만큼의 인정과 존중을 돌려주기 마련이다.

은비 씨는 요즘 고양이 키우는 재미에 푹 빠져 있다. 처음에는 신경 쓸 것이 많아 귀찮았지만 일단 정이 붙자 왜 동물을 키우는지 알게 되었다. 그녀는 고양이에게 자신의 이름자를 따 '단비'라는 이름을 지어주고 동생처럼 애지중지하고 있다. 다만 그녀의 남자친구는 불만이 있어 보였다. 그럴 만도 한 것이, 그녀가 고양이를 들인 이후 남자친구에게 가는 관심이 자꾸만 줄어들고 있었기 때문이다.

남자친구와의 데이트 사진을 주로 올리던 SNS는 고양이 사진으로 가득 찼고, 비싼 유기농 사료와 캣타워, 장난감 등 온갖 고양이용 물품을 사느라 데이트 비용에도 쪼들리게 되었다. 데이트 도중에도 툭하면 사진을 보여주면서 고양이 이야기를 꺼냈다. 함께 가기로 약속했던 여행도 고양이 맡길 곳이 없다는 이유로 무기한 연기되었다.

결국 남자친구는 요즘 신경이 온통 단비에게만 가 있는 것 같아 서운하다고 말문을 열었다. 은비 씨는 내가 책임지고 키우는 아이인데 신경 쓰는 게 당연하지 않느냐고 펄쩍 뛰었다. 한순간 금방 싸울 것 같은 분위기가 되었다.

하지만 대화가 진행되자 그녀는 남자친구가 단비에게 신경 쓰지 말라고 요구하는 것이 아님을 금세 알게 되었다. 남자친구는 혼자 사는 은비 씨 곁에 단비가 있어서 자기도 안심이라고 말하면서 그녀가 단비에게서 얻는 행복을 이해하고 존중해주었다. 그가 말하고 싶었던 것은 데이트하는 시간에는 자기에게 집중해 달라는 것이었다.

은비 씨는 그 자리에서는 크게 선심 쓰는 것 같은 태도로 알았다고 대답했다. 하지만 집에 돌아가서는 반성을 많이 했다. 자신이 단비를 사랑한 것이 문제가 아니라, 단비에게 빠져 남자친구를 소홀히 한 것이 문제였다는 점을 깨달았기 때문이다.

다음날 은비 씨는 취소했던 여행 이야기를 다시 꺼냈다. 여행을 떠날 때 남자친구는 단비를 맡긴 고양이 호텔 비용의 절반을 지불해주었다. 지금 은비 씨의 SNS에는 남자친구 카테고리와 단비 카테고리가 사이좋게 자리를 차지하고 있다.

은비 씨의 남자친구는 현명한 사람이다. 그 역시 일우 씨의 여자친구 못지않게 서운한 경험을 했고, 그 분풀이로 이렇게 이야기할 수도 있었다.

"고양이가 중요해, 아니면 내가 중요해?"

"그깟 고양이한테 쓸 돈이 있으면 나한테 좀 쓰지 그래?"

그런 말을 들었다면 은비 씨는 그 장소가 어디든 폭발했을 것이고 곧바로 싸움이 벌어졌을 것이다. 대신에 그는 고양이를 생각하는 은비 씨의 마음을 이해하는 표현을 했다. 은비 씨는 남자친구가 자신이나 자신이 사랑하는 고양이를 비난하는 것이 아님을 깨닫고 경계를 풀 수 있었다. 그 다음에 남자친구가 원하는 것을 전하자, 은비 씨 쪽에서도 적극적으로 채워주려고 노력했다.

자신이 소중히 하는 가치를 이해하고 지지해주는 사람은 인생에 다시없는 우군이다. 누가 그런 우군을 잃고 싶겠는가. 잘해주고 함께 있고 싶어 하는 것이 당연하다. 당신이 상대의 편이 되면, 상대도 당신의 편이 되어줄 것이다.

02

그 사람의 아픔에
공감하기

조아 씨는 여고시절 심하게 왕따를 당한 경험이 있다. 화장실로 끌려가서 대걸레로 옷이 더럽혀지거나 뺨을 맞는 등 말로 못할 고통을 겪었다. 견디다 못한 그녀는 부모님과 선생님께 그 사실을 이야기하고 문제를 해결하려 했지만, 가해자는 교묘하게 발뺌하고 헛소문까지 퍼뜨려 학교에 그녀에 대한 험담이 떠돌게 되었다. 그녀는 쫓겨나듯 전학을 갈 수밖에 없었다. 그 이후 그녀는 사람, 특히 여자를 믿지 못하게 되었다.

성인이 된 그녀는 좋은 회사에 입사했고, 무난하고 사람 좋은 동료들과 원만하게 직장생활을 했다. 능력도 인정을 받았다. 하지만 사람들에게 마음을 전부 열지는 못했다. 항상 속에는 불안과 의심이 가득했다. 의사나 상담사도 믿지 않았으며 오로지 속으로만 억누르고 있을 뿐이었다.

겉으로는 명랑하고 자신만만해 보이는 그녀였지만, 속에 쌓아둔 아픔이 결국 겉으로 드러났다. 어느 순간부터 팔이나 다리가 저릿하면서 끊임없이 아파왔다. 조아 씨는 문제의 원인이 무엇인지 짐작하고 있었지만, 누구와도 의논하지 않았다. 진실을 알린 순간 학교에서 받았던 냉대를 잊을 수가 없었기 때문이다.

그녀의 마음을 열어준 것은 남자친구였다. 그녀가 통증으로 고생할 때마다 염려하고, 건강관리를 하라고 잔소리를 하는 대신 많이 아프냐고 묻는 모습에 믿음이 생겨났다. 그래도 남자친구에게 학창시절의 어두운 경험을 이야기하기까지 많은 고민과 용기가 필요했다.

남자친구는 깊은 공감으로 답해주었다. 조아 씨가 이야기하는 동안 자기 일처럼 분노하고, 같이 슬퍼하며 그녀를 지지해주었다. 그녀는 아직도 남자친구의 첫 마디가 기억난다고 한다. 너 같이 뚝 부러지고 멋진 아이가 이렇게 아픔을 이야기할 정도면 얼마나 힘들었겠느냐고. 나를 믿고 어려운 이야기를 해줘서 고맙고 기특하다고.

조아 씨는 이제 아픈 곳도 없고 회사의 여자동료들과도 허물없이 지낸다. 남자친구와의 사이는 말할 것도 없다. 예전에는 종종 싸웠던 두 사람이었지만, 남자친구에게 깊은 고마움을 갖고 있는 조아 씨는 부딪힐 일이 생기면 그때 남자친구가 해준 말을 생각하며 양보부터 한다. 남자친구도 그런 마음을 아는지 자기가 먼저 조아 씨에게 이익이 되는 합의점을 제시한다. 두 사람은 양보했다가 손해볼까봐 걱정하지 않는다. 설령 서운한 일이 생기더라도, 서로에게 이야기하기만 하면 상대방이 공감해주고 대안을 찾자고 할 것을 알기 때문이다.

조아 씨의 남자친구는 공감을 통해 조아 씨의 과거 문제뿐 아니라 두 사람 사이의 미래의 문제까지 해결했다. 이렇게 쌓인 신뢰는 앞으로 두 사람 사이의 많은 문제를 해결할 것이다.

보통 공감이라고 하면 맞장구를 떠올리곤 한다.

"맞아, 그건 네 친구가 잘못했네."

"그래. 그 과장님 진짜 이상하지?"

적극적인 동작으로 크게 머리를 끄덕이면서 상대가 하는 말에 계속 동의하는 모습이 떠오르는가? 아마 주변 사람들이 대화할 때 흔히 본 모습일 것이다. 당신의 말에 그런 식으로 맞장구를 쳐 준 사람도 많았을 것이다.

그런데 되돌아보면 그런 대화에서 위로와 안정을 얻은 경험이 있었던가? 오히려 영혼 없는 동의 같이 느껴져 기분이 상한 적도 있었을 것이다. 내 편은 들어주고 있지만, 내 마음을 알아준다는 생각은 들지 않는다.

흔히 하는 오해와는 달리 사랑하는 사람의 말에 무조건 맞다고, 옳다고 해주는 것은 공감이 아니다. 공감이란 중립적이고 비판단적이다. 상대의 감정과 내면의 요구를 이해하고 적절하게 반응해주는 것이다. 짧은 문장으로 이해하기에는 어려운 기술이다. 하지만 의외로 간단한 일이기도 하다. 복잡한 계산 없이 서로를 소중한 존재 그 자체로만 볼 때 자연스럽게 나오는 행동이 공감이다.

"아얏, 가시 박혔어."

여행 온 펜션에서 맨발로 돌아다니던 연인이 작게 비명을 지른다. 벗겨진 문지방에서 가시가 박힌 모양이다. 당신이라면 어떻게 공감해주겠는가.

"조심해. 맨발로 다니니까 찔리지."

걱정해주고는 있지만 판단하는 말이다. 원인을 따지고 잘잘못을 가리고 있다. 사실에 집중하다 보니 감정을 놓치게 된다.

"이 팬션 문제 있네. 관리를 어떻게 하길래 바닥에 가시가 있어?"

상대방이 아닌 팬션 탓을 한다는 점만 다를 뿐 이 역시 잘잘못을 판단하는 말이다.

"괜찮아? 어서 가시 빼고 소독해."

문제 해결 방법을 제시해주는 말이다. 그런데 과연 가시를 빼야 한다는 것을 상대가 모르고 있을까? 나름 관심을 보이려고 한 말일지 몰라도 지금 상황에서 도움이 되는 말은 아니다.

"어휴 어떡해. 아프겠다."

이것이 바로 공감이다. 별 내용도 아닌 말이지만, 그 사람의 감정을 내 감정처럼 이해하고 반응해주고 있다. '아얏'이라고 외쳤을 때 그 속에 있던 감정을 말이다.

너무 어렵게 생각하지는 말자. 차근차근 다른 사람의 감정을 이해하고 느끼려고 하면 된다. 아프면 아픈 것을, 화나면 화난 것을, 슬프면 슬픈 것을, 있는 그대로 긍정하고 이해해주면 된다.

조심할 것은 원인을 찾느니 해결책을 제시하느니 하면서 문제 해결을 독촉하지 말라는 것이다. 상대는 아직 아파하고 있고, 해결할 준비가 되었는지는 알 수 없다. 잘잘못부터 가리면서 대응을 종용하는 것은 그 아픈 상처에 다짜고짜 소금을 뿌리는 일이 될 수도 있다.

상처를 치유하도록 도와주고 싶더라도 상대가 원하지 않는다면 그것은 당신의 몫이 아니다. 그저 사랑을 담아 상처에 따뜻한 입김을 불어주자. 감정에 긍정해주는 것만으로도 차고 넘친다. 상대는 자신을 이해해주고 염려해주는 누군가가 있다는 것, 혼자 앓지 않아도 된다는 것에 충분히 힘을 얻을 것이다.

03

나의 감정
코칭하기

 근영 씨는 하마터면 남자친구와 헤어질 뻔했다.

그녀와 남자친구는 결혼을 약속한 사이였다. 오랫동안 사귀어온 상대와의 사랑이 완성되었다고 생각한 그녀는 마음이 편해졌다. 그런데 너무 편해진 모양이었다. 회사일에 스트레스가 쌓이면 남자친구에게 짜증을 냈다. 자신의 요구를 들어주지 않을 때도 남자친구에게 화를 냈다. 그러면서도 자신은 단지 자연스러운 감정을 표현하는 것이고, 사랑이 깊은 사이에서라면 당연히 받아주어야 하는 것이라 여겼다.

그러나 남자친구는 단호하게 선을 그으며 결혼을 다시 생각해보자고 말했다. 어느 정도까지는 받아주었지만 이런 일이 반복되면 도저히 결혼을 할 수 없다는 것이다.

당황한 근영 씨는 갑자기 무슨 소릴 하는 거냐고 화를 내며 따졌지만 남자친구는 그대로 모든 연락을 끊어버렸다. 싸움도 받아주는 사람이 있어야 하는 법. 연락이 되지 않으니 근영 씨는 아무 것도 할 수 없었다.

처음에 근영 씨는 분통을 터뜨리며 남자친구를 탓했다. 서로 화내고 싸운 게 한두 번이 아닌데 괜히 유난스럽게 쇼를 벌인다고. 친구들도 동의하면서 남자친구가 밀당을 하는 것 같다고 웃어넘겼다. 근영 씨는 며칠 이러다가 남자친구 쪽에서 사과하고 연락해올 거라고 여기고, 분을 삭이며 기다렸다.

그러나 아무리 지나도 연락은 없었다. 둘 사이에 이런 일은 한 번도 없었다. 시간이 생기니 감정이 정리되고, 그제야 근영 씨는 자신을 돌아보게 되었다. 화를 낸다고 문제가 해결되는 것이 아닌데 무작정 화부터 냈다. 예전에는 결혼이라는 목적이 이루어지기 전이었기 때문에 조심스럽게 서로 선을 지켰다. 남자친구의 태도는 그때와 변함이 없는데, 자신 쪽에서만 그를 함부로 대하게 되었다는 것을 깨달았다. 친구들의 맞장구는 오히려 판단력을 흐리게 만들었을 뿐이었다.

1주일이 지나자 친구들도 무작정 위로하길 그만두고, 그녀가 심했던 것 같으니 먼저 사과하는 것이 낫지 않겠냐고 조심스럽게 충고했다. 그녀도 그렇게 하고 싶었지만 연락이 되지 않는데 무슨 수로 사과를 하겠는가.

10일이 지나자 조바심이 났다. 그녀는 남자친구의 회사 앞에서 기다렸다가 퇴근하는 그를 붙잡았다. 그의 반응은 냉담했다. 또 화를 내고 싸움을 하러 온 거라면 그만두라고. 이미 끝난 사이에 무슨 소용이 있겠냐고.

솔직히 말하면 근영 씨는 얼굴을 보면 어떻게 이럴 수가 있느냐고 화를 낼 생각이었다. 하지만 이런 이야기를 듣자 무슨 말을 해야 할지 알 수 없었다. 눈물만 흘러내렸다.

남자친구는 근처의 카페로 근영 씨를 데려가 달래주었다. 그러나 그 이상으로 손을 내미는 행동은 하지 않았다. 그는 여전히 두 사람 관계에 대해 회의적이었다. 그녀는 결국 미안하다고 용서를 구했다. 자신이 잘못 생각하고 있었다는 것과 연락하지 못하는 동안 깨달은 점을 이야기했다.

그제야 남자친구는 용서가 아닌 이해를 해주었다. 그리고 자기가 원하는 것을 분명하게 말했다. 화를 내더라도 선을 지켜주었으면 좋겠다고. 근영 씨가 무슨 할 말이 있겠는가. 다시는 이유 없이 화를 내지 않겠다고 몇 번을 약속했는지 모른다.

지금도 그때 생각을 하면 얼굴이 화끈거린다는 그녀. 주위에는 아직도 남자친구의 수법에 넘어가 주도권을 빼앗겼다느니 하며 싸움을 부추기는 친구들이 있다. 하지만 그녀는 남자친구의 행동을 이해한다.

그동안 자신이 했던 행동이 남자친구의 행동으로 되돌아왔을 뿐이다. 근영 씨가 화와 짜증을 마음껏 드러냈다면, 그는 연락을 끊는 방법으로 조용히 감정을 드러냈을 뿐이다.

그녀는 요즘 결혼 준비를 하면서도 감정을 조절하고 함부로 터뜨리지 않기 위해 노력하고 있다. 확실한 것은 감정을 조절하면서 싸울 일이 매우 줄어들었다는 것이다.

내키는 대로 화내고 짜증내면서 '사랑하는 사이니까 그래도 괜찮다'고 생각했던 근영 씨의 생각에 동의하는 사람은 별로 없을 것이다. 그러나 잠이 덜 깬 아침에 엄마에게 짜증부린 경험이 있다면 근영 씨의 사례가 남 이야기가 아니라는 경각심을 가져야 한다. 다들 남이 나에게 화내는 것은 싫어하면서도 내가 화를 낼 때는 정당한 이유가 있고 어쩔 수 없다고 생각할 때가 많다. 그리고 이런 태도는 곧장 싸움으로 이어진다. 싸움을 피하고 싶은 사람에게 감정 코칭은 제일 먼저 익혀야 할 일이다.

예전에 어떤 강의를 들은 적이 있다. 강의의 주제는 무조건 화를 내라는 것이었다. 우리나라 사람은 평소에 화를 억누르고 살기 때문에 문제가 많고, 화가 날 때는 충분히 표출해야 걱정도 없어지고 건강도 좋아진다는 것이었다. 솔직히 말하면 일어서서 나오고 싶었지만 예의상 끝까지 들었다. 강의를 듣는 다른 사람들의 표정도 그다

지 좋지 않았다. 화를 내면 문제가 해결된다는 말이 얼토당토않다는
걸 이미 경험으로 알고 있었기 때문일 것이다.

"싸울 때는 충분히 화를 내야 뒤끝이 없다."

"참지 말고 바로 싸워야 문제가 없다."

"감정을 코칭하는 것은 본연의 감정을 억누르는 행위다."

가끔 이런 주장을 하는 사람들이 있다. 이는 '사랑하니까 화내도
된다'고 믿었다가 큰코다친 근영 씨와 다를 바가 없다. 이들은 이성
과 감정을 나누어 생각하면서, 이성은 내 뜻대로 할 수 있지만 감정
은 어쩔 수 없이 흘러넘치는 것이라고 여기곤 한다. 하지만 그렇지
않다. 내 감정은 내가 원하는 대로 움직일 수 있는 대상이다. 감정을
잘 코칭하면 내가 원하는 나의 모습을 다른 사람에게 보여줄 수 있
고, 남의 감정도 긍정적인 방향으로 유도할 수 있다.

근영 씨의 남자친구는 감정 관리에 꽤 능숙한 사람처럼 보인다. 근
영 씨가 먼저 화를 내고 짜증을 냈지만, 그는 부정적인 감정으로 맞
받아치지 않았다. 대신 차분하고 단호한 말로 자신의 뜻을 전하고,
그녀와 연락을 끊어 더 이상 부정적인 감정이 오가는 것을 막았다.

그런데 신사적으로 보이는 이 태도 뒤에 조용한 분노가 느껴진다.
헤어지자는 단호한 통보, 연락을 끊고 잠수 타는 행동은 그동안 참
아온 것에 대한 복수 같다. 그녀의 화에 대처하고 싶지 않아 문제를
회피하거나 무시하는 것처럼 여겨지기도 한다. 다행히 이번에는 근

영 씨가 문제를 깨닫는 데 좋게 작용했지만 어쩌면 정말 이별로 끝났을지도 모르는 일이다.

싸움을 예방하고 싶다면, 화를 내지 않고도 충분히 자신의 감정을 전달할 수 있다는 것을 기억하자. 내가 화를 내지 않으면 상대방이 같이 화를 내는 것도 막을 수 있다. 지지 않기 위해서, 만만해 보이기 싫어서, 억울해서 한쪽이 화를 내면 같은 이유로 다른 쪽도 화를 낸다. 그 순간 이미 싸움은 시작되어 있다. 분노와 분노가 만나 새빨간 화염이 되어 문제를 해결할 수 있는 이성과 시간을 불살라버린다.

상대방이 먼저 화를 내더라도 내가 감정을 조절하면 분위기는 다르게 흘러간다. 내가 상대를 사랑하는 마음으로 화를 다스린다면 나를 사랑하는 사람도 화를 가라앉히려고 노력할 것이다.

감정을 코칭하는 것은 무조건 화를 참는 것과는 다르다. 감정을 억누르는 것이 아니라 나 스스로 해소하는 것이다. 그러기 위해서는 먼저 나의 감정을 있는 그대로 받아들여주어야 한다.

싸우고 나서 자신의 감정을 부정하는 사람이 의외로 많다. 화를 낸 것이 아니라 상대가 잘못을 해서 지적한 것뿐이라고 우기는 사람, 작은 일로 서운해 하면 이기적이고 속 좁은 사람이 될까봐 애써 외면하는 사람 등, 다양한 형태로 자신의 감정을 억누르거나 정당화하려고 한다. 하지만 감정에는 명분이 필요 없다. 아무리 남들 보기에 사소한 일이라도, 내가 먼저 잘못한 일이라도 지금 단계에서는 상관 없다. 내 마음이 불편하다면 그것을 솔직하게 인정하고 받아들이면 된다. 내가 지금 화가 났구나, 많이 슬프구나 하고 자신의 감정 상태를 인지해주면 그것만으로도 마음은 차분해지기 시작한다. 나 자신이 내 감정의 든든한 우군이 되어주었기 때문이다.

다음 단계는 내 감정의 이유를 찾는 것이다. 화가 나고 서운한 이유를 안다면 해소의 실마리도 잡을 수 있다. 그런데 이때 염두에 두어야 할 것이 두 가지 있다. 첫째는 감정의 이유를 찾는 것과 감정을 정당화하는 것은 다르다는 것이다. 둘째는 내 감정의 주체는 나이고, 내 감정의 원인도 내 안에 있다는 것이다.

"네가 맨날 늦으니까 당연히 내가 화를 내지!"

"네가 무신경하게 말하니까 상처를 받을 수밖에 없잖아."

이런 식으로 감정의 이유를 외부로 돌리면 감정은 해소되기는커녕 오히려 강화된다. 화나는 상황이라고 결론을 지었으니 화가 풀리지 않을 수밖에. 반대로 나를 중심으로 이유를 찾으면 좀 더 쉽게 감정을 다스릴 수 있다.

"나는 기다리는 것을 싫어하기 때문에 상대가 약속에 늦으면 화가 나는구나."

"나는 상대가 내 사정을 몰라줄 때 서운함을 느끼는구나."

이 경우 화를 낼지 말지를 내가 선택할 수 있다. 문제 해결의 실마리도 보인다. 문제를 해결할 방법을 찾아보자고 생각하면 감정은 자연스럽게 가라앉는다. 내면에서 어느 정도 감정을 정리하고 대화에 나서면 두 사람은 이성적으로 조용히 대화할 시간을 가질 수 있다. 감정 코칭은 싸움 없이 문제를 해결하는 데 가장 유용하다.

행복한 추억
쌓아두기

어릴 적 친구는 몇 년 만에 만나도 금방 서먹함이 사라지고 친밀감이 솟아오른다. 공유하는 좋은 추억이 많기 때문이다. 함께 놀고 공부한 기억은 물론, 당시 유행했던 놀이, 인기 있었던 만화영화, 학교에서 일어난 웃기는 사건 등 이야기하다 보면 좋았던 추억이 계속 떠오를 것이다. 그 행복하고 재미있는 추억들은 현재 친구와 함께 보내는 시간도 재미있고 행복한 것으로 만들어준다.

그런데 같이 왕따를 당했던 친구와 만났다고 하자. 선뜻 반가워하며 추억 이야기를 할 수 있을까? 같은 경험을 하고 서로 이해하는 사이임에도 과거 이야기는 두 사람 사이에서 금기가 될 것이다. 어쩌면 아예 서로를 피하려고 할지도 모른다. 그 친구가 나쁜 것은 아니지만, 얼굴을 보기만 해도 예전의 고통이 되살아나고 기분이 가라앉기 때문이다. 과거는 미화되기 마련이라고 하지만 좋지 않았던 기억이 좋게 남기는 어렵다.

자, 그럼 지금부터 사랑하는 사람을 떠올리고, 그 사람과 함께 했던 기억을 떠올려보자. 어떤 기억들이 떠오르는가? 행복한 추억들인가, 아니면 떠올리기 싫은 기억들인가.

태민 씨와 여자친구는 쇼윈도 커플이다. 태민 씨는 꽤 유명한 운동선수이고, 여자친구는 직업은 평범하지만 눈에 확 띄는 미녀다. 두 사람은 태민 씨의 팬클럽 모임에서 처음 만났고 태민 씨는 그녀의 미모에 한 눈에 반했다. 둘은 몇 번의 만남 후 연인이 되었고, 매번 경기를 관람하러 온 그녀가 기자들의 카메라에 잡히면서 그녀는 태민 씨의 수호천사라는 별명을 얻었다.

하지만 외부에 알려진 것과는 다르게 둘의 사이는 그렇게 좋지 못했다. 태민 씨는 연습과 경기 일정 때문에 시간을 잘 내지 못했고, 여자친구는 사람들의 시선이 부담스럽다며 데이트를 꺼리게 되었다. 핸드폰에 그녀와 주고받은 문자와 통화기록은 많았지만 실제 맘 편하게 데이트한 횟수는 손에 꼽을 정도였다. 게다가 소위 말하는 성격차이도 있었다. 어느새 휴대폰으로 나누는 대화에서마저 다툼이 늘어났다.

이쯤 되면 헤어지는 게 당연하지만, 다른 사람들 앞에서는 태연히 아무 문제도 없는 것처럼 연기하는 그녀를 보니 헤어지자고 하기도 겁난다. 지금까지 팬들의 사랑을 받아온 그는 외부의 평가가 얼마나 중요한지 알고 있었다.

그는 틈틈이 시간을 내어 관계 회복을 위한 여행이나 이벤트를 시도하지만 그녀는 늘 이런저런 핑계를 대며 빼기만 한다. 요즘 그녀와 활발하게 말을 하는 것은 싸우고 있을 때뿐이다. 이제 그녀의 아름다운 얼굴을 보면 왠지 모르는 혐오감이 찾아온다. 무기력해진다.

잔인한 이야기를 하자면 안 사귀느니만 못한 커플이다. 이미 둘에겐 문제 자체를 해결할 동력이 없다. 행복한 추억도 거의 없고, 같은 경험을 바탕으로 감성이나 생각을 공유하고 있지도 않다. 처음에 가졌던 좋은 감정도 이미 소진되어버렸다. 이 두 사람이 계속 관계를 유지한다고 해봤자 지금처럼 빈껍데기 같은 연인 관계를 유지하는 게 전부이고 괴로움만 커질 것이다. 심지어 태민 씨는 여자친구를 볼 때 부정적인 감정을 느끼고 있다. 감정의 폭주를 막을 벽이 전혀 없어서 싸움이 나면 상대를 크게 상처 입힐 위험성이 높다.

연인들은 헤어질 때 추억이 깃든 물건을 버린다. 그 물건으로 인해 행복했던 추억이 떠올라서 괴롭기 때문이다. 하지만 정반대의 이유도 있다. 만약 헤어지기 전에 지독하게, 저질스럽게, 표독스럽게 싸웠다면? 그 사람을 떠올리게 만드는 물건은 꼴도 보기 싫을 것이다. 그 사람과의 기분 나쁜 기억이 먼저 되살아나고, 다른 방향으로 괴로울 것이다.

이것은 현재진행형인 연인들도 마찬가지다. 싸움이 일어날 위기에 처했을 때 상대방을 보면 무엇이 떠오를까? 행복한 추억이 떠오를까? 아니면 불행한 기억이 떠오를까?

행복한 기억이 떠오른다면 싸움을 막을 가능성이 높다. 서로 잘해주었던 기억들, 내 실수를 너그럽게 웃어넘겨주었던 순간, 즐겁게 지냈던 일들이 생각나는데 가시 돋힌 목소리로 상대방의 잘못부터 따지고 들려고 할까? 같은 말이라도 부드럽게 하려고 하고, 상대가 내 잘못을 지적해도 '평소 나한테 얼마나 잘하던 사람인데. 이것도 좋은 의도로 하는 말이겠지' 하고 받아들이기 쉬울 것이다. 행복한 추억은 싸움의 위기를 넘기는 데 최고의 특효약이다.

하지만 불행한 기억이 떠오른다면 그대로 싸움이 시작될 가능성이 높다. 계속 반복되는 똑같은 잘못, 내게 던졌던 냉정한 말들, 이 일과는 관계없는 서운했던 일들까지. 양쪽은 '참을 만큼 참았다'는 태도로 자기 말부터 쏟아낼 것이고 아무렇지 않게 상대를 상처 줄 것이다. 그 결말은 상상하고 싶지 않다.

행복한 추억은 싸움을 막아줄 뿐 아니라, 서로에 대한 긍정적인 감정을 유지하고 키워나가는 원동력이다. 상대방과 즐거운 시간을 많이 보내면 상대방을 긍정적이고 좋은 이미지로 떠올리게 된다. 설령 싸움이 일어났다고 해도, 좋았던 기억을 생각하면서 적극적으로 화해하려고 노력할 것이다. 당장의 문제만 해결하면 또 예전과 같은 행복이 찾아올 것이라 믿을 수 있기 때문이다.

연인들이 크리스마스나 생일 같은 날을 함께 보내려고 하는 것도, 뻔한 상술로밖에 안 보이는 밸런타인데이나 화이트데이를 유난스럽게 챙기는 것도 이런 이유에서다. 기념일을 계기로 평범한 날과는 다른 추억도 만들고 특별한 하루를 보낼 수 있다. 이런 것이 쌓여 서로를 행복을 주는 사람으로 여기게 한다. 내가 원하는 것을 상대방이 들어주었다는 기억, 내가 상대방을 기쁘게 해주었다는 기억, 이런 추억을 오래 간직하면 그것을 원동력 삼아 관계를 유지할 수 있다. 그래서 연인들은 기회만 있으면 추억을 만들고, 사진이나 동영상 등으로 그것을 간직하고, 반지처럼 항상 지니고 다니는 물건, 오래 간직할 수 있는 선물 등으로 추억을 더욱 튼튼히 하려고 한다.

"여자친구를 억지로라도 여행에 데려가야겠어."
"남자친구한테 기념일을 무조건 챙겨달라고 해야겠네."
이렇게 생각하는 분이 있을 것이다. 강요하는 것만 아니라면 어느 정도는 맞는 말이다. 다만, 이렇게 만드는 추억이 두 사람 모두에게 행복한 것인지 잘 생각해 보아야 한다. 앞서 말한 특별한 날, 즉 크리스마스나 밸런타인데이, 100일, 300일 같은 연인들의 기념일 직후에 싸우고서 상담을 청해오는 커플이 의외로 많다. 좋은 추억을 만들 의도로 벌인 이벤트가 오히려 불화를 부른 것이다.

밸런타인데이나 화이트데이가 왜 상술이라고 욕을 먹는지 생각해보자. 추억을 만들 기회이기는 하지만 한쪽이 상당한 금전적 부담을 져야만 한다. 자기가 할 수 있는 한에서 상대를 기뻐하게 해주겠다는 마음으로 선물을 할 수 있다면 최고다. 하지만 친구들과, 주위 사람들과, 광고용 이미지와 비교하면서 '남들만큼은 받았으면' 하는 순간 일이 어려워진다. 준비하는 사람에게 큰 부담이 되는 것은 말할 것도 없고, 받는 사람도 받고도 불만스러운 경우가 생기거나 마음에 부담을 느낄 수 있다.

예전에 상담한 커플 중에도 '무슨무슨 데이'가 화근이 된 경우가 있었다. 기념일을 앞두고 여자친구가 은근히 고가의 선물을 기대하는 눈치를 흘리자, 남자친구는 고심 끝에 화려한 공개 이벤트를 했다. 하지만 여자친구는 감동하기는커녕 화를 냈다. 크게 싸운 둘은 상담을 청해왔다. 그때 여성분은 이렇게 말했다.

"자기가 하고 싶어서 선물하고 이벤트를 만드는 거잖아요. 이왕 해줄 거 상대가 기뻐할 수 있는 걸 해주어야 하는 것 아닌가요? 제가 뭘 좋아하고 뭘 싫어하는지 전혀 모르잖아요."

주는 쪽은 꼬박 이틀 동안 이벤트를 준비하고 월급을 절반 넘게 털어 넣어 선물을 마련했지만 졸지에 연인에게 무관심한 사람이 되어버렸다. 받는 쪽 역시 곤혹스럽기만 한 선물을 받고서 연인에게 고마워할 줄 모르는 배은망덕한 사람이 되고 말았다. 그 싸움은 행복한 추억이 어떻게 만들어지는지 이해하지 못한 연인들의 당연한 수순이었다.

주는 쪽이 반드시 행복할 것이라는 것도, 받는 쪽이 반드시 만족할 것이라는 것도 너무 이상적인 생각이고 기대다. 돈을 많이 들인 선물은 주는 쪽에게도 받는 쪽에게도 부담이 되며, 부담은 행복한 추억과 거리가 멀다. 남들의 기준에 맞추려고 울며 겨자 먹기로 한 선물에 정성이 담겨 있다고 보기는 어렵다.

두 사람이 함께 경험했다고 해서 반드시 행복한 추억은 아니다. 싸움을 자주 하는 연인들이라면 잘 생각해보자. 지금 만들고 있는 추억이 둘 모두에게 행복한 추억인지, 한쪽만 만족하는 이기적인 추억인지. 아니면 서로에게 불만과 아쉬움으로만 기억되는 추억은 아닐는지.

내 뜻을
부드럽게 전달하기

남자친구는 미현 씨를 만나면 냄새를 맡는 버릇이 있다. 샴푸를 자주 바꾸는 것도 아니고 특이한 향수를 쓰는 것도 아닌데, 그가 도대체 무슨 냄새를 맡고 있는지 알 수가 없다.

"샤워하고 나왔어?"

그의 질문은 지하철에서, 카페에서, 식당에서 장소를 가리지 않고 툭 튀어나온다. 하필 사람들도 많은 곳에서 도대체 왜 그런 걸 물을까? 냄새를 맡는 행동만으로도 주위 사람들의 오해를 받기 충분한 상황이다. 당연히 미현 씨는 기분이 나빠진다.

"그만 좀 할 수 없어?"

"뭘?"

"냄새 맡는 거 말이야."

"아, 그냥 버릇이야, 버릇. 배고프지? 뭐 먹고 싶어?"

미현 씨의 목소리에 짜증이 섞여 있는데도, 남자친구는 아무렇지도 않은 듯 화제를 돌린다. 하지만 미현 씨는 오늘만큼은 그 버릇을 고쳐 놓고 싶다.

“좋은 버릇도 아니고, 사람들이 다 보잖아. 오빠가 그럴 때마다 내가 얼마나 기분 나쁜 줄 알아?”

“버릇인 걸 어떻게 해. 그만하고 밥 먹으러 가자.”

고치면 되지 않느냐고 한 마디 더 하려던 미현 씨는 남자친구의 표정이 굳어진 것을 보고 입을 다물었다. 남자친구와 싸우고 싶은 것은 아니지만 속이 끓는다. 한 번만 더 남자친구가 냄새를 맡으면 정말 싸우게 될지도 모른다. 어쩌면 좋을까.

‘습관’이라는 말만 들어도 고개를 절레절레 젓는 커플들이 많을 것이다. 습관 고치기는 연인들이 부딪히는 문제 중에 최고 난이도를 자랑한다. 일방적으로 고치라고 요구하기엔 너무 어렵고 힘든 일이다. 그렇다고 내버려두자니 일상에서 셀 수 없이 반복되며 계속 문젯거리가 된다. 그냥 좀 이상한 습관 정도라면 참고 넘어가는 것도 가능하련만, 그 습관이 정말 나쁜 습관이라서 남들이 봐도 고쳐야 할 정도라면 향후 싸움은 예약된 것이나 마찬가지다.

나쁜 것이든 좋은 것이든, 습관은 내 존재의 일부처럼 여겨진다. 그래서 습관을 부정당하면 자신이 부정당한 기분이 들고 자존심이 상한다. 더구나 습관은 무심결에 이루어지는 행동일 뿐 본인은 악의가 전혀 없기 때문에, 그 습관이 연인을 상처주고 고통스럽게 한다는 것을 모른다. 설명해줘도 좀처럼 공감하지 못한다.

그래서 연인의 습관을 고치기 위해 창피를 주거나, 화를 내거나, 토라져서 말을 걸지 않는 등의 강압적인 방식을 쓰는 것은 추천하지 않겠다. 그런 행동들은 상대의 습관 때문에 내가 상처 입은 것 이상으로 상대방을 상처 입힌다. 싸움으로 이어지기도 쉽다.

싸움을 피하려면 싸움이 일어나기 전에 서로가 원하는 것을 이루어주어야 한다. 그러기 위해서는 상대방에게 내 욕구를 부드럽게 전달하는 것이 중요하다.

'변화를 원하는 것은 내 쪽이고 나는 부탁을 하는 입장'이라는 사실을 기억하자. '상대는 현재 잘못된 행동을 하고 있고 당연히 내 말을 들어야 한다'는 태도는 받아들여지기 어렵다. 나쁜 습관을 고치는 문제가 쉽게 싸움으로 이어지는 것도 이 때문이다. 습관을 바꾸라는 어려운 일을 상대에게 부탁하고 있으면서도, 나에게 정당성과 명분이 있다는 생각에 무심코 강압적인 태도가 나오는 것이다.

이런 방법은 어떨까? 문제 상황이 벌어지기 전에 미리 내가 원하는 것을 전달하는 것이다. 미현 씨의 경우라면 남자친구가 냄새 맡는 행동을 하기 전에 부탁해보는 것이다. 이미 그 행동을 하고 난 후에 지적을 한다면 상대방은 자신의 행동을 비난한다고 느끼고 날카롭게 반응할 수밖에 없다. 그전에 긍정적인 마음과 태도로 부탁을 하는 것은 어떨까?

"냄새 맡는 버릇 말이야. 내 입장에서는 혹시 나한테 무슨 냄새가 나나 싶고, 괜히 창피하고 불안해. 내가 그런 기분이 들지 않게 도와줄 수 있어?"

도와달라는 말. 그 마법 같은 말은 상대가 자발적으로 움직이게 만든다. 상대방에게 내 욕구를 들어달라고 요구하기 위해 굳이 화를 내고, 창피를 주고, 삐칠 필요가 없다. 그저 배려하는 행동이 나를 얼마나 기쁘게 하는지 설명하고, 나를 위해 행동해 달라고 부드럽게 청하면 된다. 그로써 둘의 관계가 더욱 행복해질 것이라는 믿음이 있다면 상대는 기꺼이 행동에 나설 것이다. 내 연인은 나를 사랑하고 소중하게 생각하고 있기 때문이다. 도와달라는 말은 그 사랑을 표현할 수 있도록 길을 열어준다.

또 한 가지, 내 욕구를 상대방이 들어주도록 하는 효과적인 방법은 바로 내 욕구를 이루는 행동을 둘이 함께 하는 것이다.

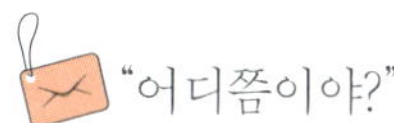
"어디쯤이야?"

"미안. 도착은 했는데 배가 아파서…… 정말 미안하다."

정아 씨의 남자친구는 배가 자주 아프다. 과민성 대장증후군. 그는 가끔 배가 아프다며 2~30분씩 데이트에 늦는다. 데이트 도중에 사라졌다가 나타날 때도 있다.

"병원은 갔다 왔어?"

"TV에서 봤는데, 이거 신경성이라서 병원에서도 잘 모른다더라."

"그러면 먹는 걸 좀 바꿔보든가."

"노력하고 있어."

아무리 큰 병이 아니라지만 계속 그러니까 걱정이 된다. 일상생활에도 은근히 지장이 많다는데, 저대로 놓아두었다가 점점 악화되는 것은 아닐까? 정아 씨는 좋은 마음으로 다시 채근한다.

"그러지 말고 검사라도 받아봐. 요즘은 저녁에도 병원 문 열잖아."

"내가 알아서 할게."

그 다음 주 일요일. 남자친구는 또 배가 아프다며 데이트 도중에 자리를 비웠다가 돌아왔다. 갑자기 짜증이 나기 시작한다.

"병원 갔다 왔어?"

"됐어. 내 병은 내가 안다니까."

분명 그를 위해 한 잔소리인데, 앓는 소리는 혼자 다 하면서 그동안 병원도 안 가고 도대체 뭘 했단 말인가?

보통 연인들은 자기 몸보다 상대의 건강을 더 잘 챙긴다. 목소리 하나만 바뀌어도 걱정해주고, 안색이 조금 변해도 돌봐주려고 한다. 그런데 정작 자신의 건강을 소중히 하는 사람은 많지 않다. 잦은 음주, 폭식, 무리한 다이어트, 줄담배 등 누가 봐도 건강에 좋지 않은 행동을 하면서도 '내 몸은 내가 안다'는 식으로 고집을 부린다. 병원에 가보라는 정성어린 말을 건성으로 받아들인다. 자기 몸도 챙기지 못하면서 연애라는 대업을 이루려고 하는 것을 보면 화가 난다.

하지만 생각해보자. 병원 가라, 건강을 지켜라, 몸 조심해라……. 우리가 한 말은 상대방 입장에서는 이미 수없이 가족이나 친구로부터 들은 말일 것이다. 사랑하는 사람의 입에서 나온 것이라고 해도 잔소리가 기분 좋을 수는 없다. 우리가 익히 경험해온 사실이다.

이럴 때 추천해주고 싶은 방법은 병원에 상대와 같이 가는 것이다. 따로 시간을 내기 귀찮은 마음, 의사가 어떤 말을 할지 몰라 스멀스멀 올라오는 두려움은 둘이 함께라면 줄어든다. 억지로 주기적으로 통원하게 만들 수는 없어도 병원에 한두 번 함께 갈 수는 있다. 당신은 상대를 위해 노력했고, 상대도 당신의 뜻에 따라 움직였다. 그럼에도 불구하고 해결이 되지 않는다면 굳이 싸움이 날 때까지 잔소리를 계속할 필요는 없다. 우리가 최선을 다했다면 나머지는 상대방의 몫이니까.

남의 욕구를 이루어주는 것은 생각만큼 쉽지 않다. 습관을 고친다든가 하는 어렵고 오래 걸리는 일이라면 더욱 그렇다. 그래도 사랑하는 사람이 진심을 담아 부탁한다면, 사랑하는 사람을 돕기 위해 적어도 시도할 마음을 먹게 할 수는 있는 것이 사랑이 가진 힘이다.

물론 싸움도 피해갈 수 있다.

욕구를 이루어달라고 부탁하는 것은 내 쪽이란 것을 잊지 말고, 부드럽게 뜻을 전하자. 그리고 상대가 노력하는 모습을 보일 때마다 웃으며 칭찬과 지지를 덧붙이자.

연인의 꿈
지지하기

 마리아 스크워도프스카는 1867년 폴란드의 가난한 집안에서 태어났다. 그녀는 남다른 총명함과 성실함으로 어릴 때부터 과학에 재능을 드러냈다. 우수한 성적으로 공립학교를 졸업했지만 당시 폴란드에서 여자는 대학에 갈 수 없었다. 다른 나라로 유학을 가기에는 가난이 발목을 잡았다.

그녀는 3년간 가정교사로 일하다가 가정형편이 나아지자 파리로 유학을 떠났다. 소르본 대학 이학부에서 물리학과 수학 석사를 딴 마리아는 지인의 소개로 어느 과학자의 연구실에서 일했다. 이미 상당

한 연구 업적을 쌓고 이름을 날리던 피에르라는 이름의 그 과학자는 함께 연구를 하면서 마리아와 사랑에 빠진다. 그 다음해 두 사람은 결혼식을 올렸다.

마리아의 천재성을 알아본 피에르는 마리아의 연구를 적극적으로 도왔고, 두 사람은 물리학계에 길이 남을 업적을 남긴다. 당시는 여자의 인권이 낮았고 여자의 능력과 업적을 제대로 인정하지 않던 시절이었다. 하지만 피에르와 동료 과학자들 덕분에, 마리아는 무사히 연구를 인정받고 남편과 동료 연구자와 함께 공동으로 노벨상을 수상할 수 있었다.

그러나 몇 년 후 피에르는 불의의 사고로 목숨을 잃었다. 마리는 '어쨌든 계속해나가야만 한다'는 남편의 말을 기억하며 연구를 계속했다. 그녀는 소르본 대학 최초의 여성 교수가 되었으며, 1911년에는 단독으로 노벨 화학상을 수상했다. 마리아 스크워도프스카. 그녀의 결혼 후 프랑스 이름은 마리 스크워도프스카 퀴리였다.

퀴리 부부는 금슬이 좋기로 유명했다. 마리아의 딸인 이브 퀴리가 쓴 어머니의 전기에서도 두 사람의 각별했던 관계에 대해 언급하고 있다. 그녀는 남편이 죽은 후 깊은 실의에 빠졌지만, 남편의 뜻을 존중했기에 연구를 그만두지 못했다고 한다.

1800년대 후반부터 1900년대 초반은 여자가 자신의 꿈을 펼치기 어려운 시절이었다. 폴란드와 독일에서는 여자가 대학에 갈 수 없었고, 그나마 여성 인권이 발달했다는 프랑스에서조차 사사건건 성차별이 마리아의 발목을 잡았다. 심지어 증거도 없는 불륜 스캔들로 곤혹을 치르기도 했으며 노벨상을 2회나 수상한 업적에도 불구하고 화학 아카데미의 회원이 되지 못했다.

그런 그녀를 지지해준 것은 일부 동료 과학자들과 남편 피에르였다. 피에르는 자신보다 연구경력이 짧은 마리아의 연구를 도와주었으며 노벨상을 공동으로 수상할 수 있도록 많은 노력을 기울였다. 그는 마리아의 꿈을 지지해주었다. 마리아도 피에르의 꿈을 지지하고 그의 사후에도 연구를 이어나갔다. 피에르가 사망하고 7개월이 지났을 때, 소르본 대학에서는 피에르의 교수 자리를 맡아줄 것을 마리아에게 부탁했다. 마리아는 남편의 강의를 이어서 진행했는데 마치 피에르 본인이 강의하는 것처럼 내용에 위화감이 전혀 없어 강의를 듣던 학생들이 모두 놀랐다고 한다.

두 사람은 서로를 완전하게 이해하고 지지하고 있었다. 피에르의 강인하고 따뜻한 지지는 그가 죽은 후에도 마리아를 계속 떠받쳤다. 그랬기에 마리아는 세기의 연구를 성공시키고 여성 과학자의 계보를 새로 쓸 수 있었던 것이다.

만일 피에르가 연구에 대한 마리아의 열정을 인정하지 않고 그녀를 자기의 조수 정도로 생각했다면? 결혼을 했으니 이제는 육아에 좀 더 신경 쓰라고 요구했다면? 마리아는 먼 프랑스에 와 공부하면서 학비를 내기 위해 빵과 당근으로 끼니를 연명할 정도로 목표가 뚜렷하고 자주적인 사람이었다. 그녀는 남편 때문에 꿈을 포기하진 않았을 것이고 연구에서도 가정에서도 충돌했을 것이다. 행복하고 금슬 좋은 부부생활이 불가능한 것은 물론 노벨상도 세기의 발견도 없었을 것이다.

성규 씨는 요즘 한창 요리사 자격증을 따기 위해 열심히 공부하고 있다. 그의 직업은 프로그래머로 음식과는 한참 거리가 멀다.

그럼에도 그가 자격증을 따기 위해 애쓰는 이유는 아버지의 가게를 이어야 하기 때문이다. 아버지는 지방에서 큰 식당을 운영하고 계신다. 원래는 형이 식당을 이어받기로 했으나 건강이 나빠져 가업을 이을 수 없게 되었다. 아버지는 대신 성규 씨가 가게를 잇길 바라고 있다. 성규 씨는 이왕 이렇게 된 거 한식뿐만 아니라 다양한 퓨전 요리와 제과제빵까지 공부해서 식당에 변화를 주자는 꿈을 갖고 있다.

하지만 그의 여자친구는 시큰둥하다. 오히려 데이트 시간이 줄어들었다며 불만이다. 그녀는 그가 프로그래머로 계속 일하는 게 더 안정적이지 않겠냐고 묻는다. 남자친구가 지방에 내려가는 것도 마음에 들지 않고 식당에서 일하는 것도 원치 않는 눈치다.

성규 씨라고 요리사를 마냥 좋은 직업이라고 생각하는 것은 아니다. 체력적으로도 힘들고 쉬는 날도 일정하지 않으며, 수입은 늘어나겠지만 직장인만큼 일정하지는 않을 것이다. 또 지방에 내려가면 여자친구와 장거리 연애를 할 수밖에 없다.

그러나 이제까지 프로그래머에 특별한 열정이 있었던 것도 아니고, 어차피 가업을 이어받아야 한다면 자기만의 꿈과 목표를 가지고 나아가려고 한다. 그래야 결과도 좋고, 힘들 때 더 잘 버틸 수 있을 것이라고 성규 씨는 생각한다.

섭섭한 것은 자신은 예전에 여자친구의 꿈을 지지해주었는데 그녀는 자신을 응원하지 않는다는 것이다. 여자친구가 직장을 그만두고 일러스트레이터가 되겠다고 했을 때 주위에서 얼마나 반대했던가. 그녀의 꿈을 응원해주었던 건 성규 씨뿐이었다. 그녀가 직장을 다니는 동안 잃어버린 감을 찾기 위해 미술학원을 다닐 때, 외주가 들어오지 않아 의기소침해할 때 성규 씨는 물심양면으로 그녀를 지지했다. 그때 지켜보고 느꼈던 것은 전망이 좋지 않아 보이는 꿈이라도 지지해주는 사람이 있다면 생각이 긍정적으로 바뀌고 좋은 결과가 나올 수 있다는 것이다.

하지만 그녀는 요리사의 길에 대해 냉담하고 비판적이다. 그래서 성규 씨는 계속 갈등하고 불안해할 수밖에 없었다. 비록 1년 배우다 뛰쳐나오더라도 여자친구가 지지해준다면 마음이나마 안정될 텐데 그의 꿈은 혼자서 이루어야 하는 외로운 꿈이 되어버렸다.

"그거랑은 다른 이야기지. 넌 원래 요리사가 되고 싶었던 것도 아니잖아?"

스스로 선택하지 않은 꿈도 꿈이라고 말해 보았지만 달라지는 것은 없었다. 결국 여자친구와 싸우고 말았다. 이제는 섭섭한 마음도 없고 화만 난다. 그동안의 지지에 대해 보상이라도 받고 싶다.

꿈이라는 말에는 여러 가지 의미가 있지만 보통 '이루고 싶은 것'을 말한다. 우리는 살아오면서 원하는 것을 얼마나 이루었을까. 유치원을 다니면서 가지고 싶은 장난감을 다 가졌는가. 초등학교를 다니면서 놀고 싶은 대로 놀았는가. 중학교를 다니면서 잠은 실컷 자면서 생활했는가. 고등학교를 다니면서 내 생활의 자유를 보장받았는가. 대학교를 다니면서 원하는 사람과 사귀었는가. 직장을 다니면서 퇴근하고 싶을 때 퇴근했는가.

불행하게도 우리는 지금 이 순간에도 원하는 것을 대부분 이루지 못한 채 살아가고 있다. 하지만 눈가를 훔치면서 울 필요는 없다. 꿈은 그 자체로 삶을 지탱하는 원동력이 되기도 한다. 그리고 내 꿈이 누군가에게 인정받는다면 더욱 든든한 힘이 될 수 있다.

성규 씨의 사연을 보면 안타까우면서도 대견하다. 그의 꿈은 외부 상황에 의해서 정해진 것이나 마찬가지다. 하지만 그럼에도 그는 그 꿈을 완벽히 자기의 것으로 만들기 위해, 더 나은 꿈으로 변화시키기 위해 노력하고 있다. 정해진 현실을 자기의 것으로 만들고 나아가려고 하는 것이다.

여자친구는 그 꿈을 반대하고 있다.

"반대하는 게 당연하지. 남자친구가 지방에 내려가서 고생할 것이 뻔한데."

맞는 말이다. 고생은 이미 예약되어 있다. 그녀는 아마, 부모님이 자식들의 진로에 간섭하듯이 성규 씨의 더 나은 미래를 위해 반대하고 있을 것이다. 여러 조건을 따져보았을 테고 깊게는 결혼 후의 가정까지 생각했을지도 모른다. 그러나 본인의 생각이 확고하고 계획이 선 상황에서 주위 사람들, 특히 사랑하는 사람이 하는 간섭이 그에게 어떻게 느껴질지도 생각해봐야 한다.

그는 이미 성인이고 자신이 내린 선택에 스스로 책임을 져야 한다는 것을 알고 있다. 흐르는 강물을 억지로 거슬러 가게 할 수는 없다. 강물을 손으로 휘저으며 '이쪽으로 와라, 저쪽으로 가라' 해도 물길은 일부만 잠깐 움직일 뿐 큰 줄기는 변하지 않는다. 강물의 흐름이 이쪽을 향하지 않는 이상 사람이 할 수 있는 일은 없다.

그럼에도 강물의 흐름을 바꾸는 것이 아예 불가능한 것은 아니다. 홍수가 나거나 돈과 인력과 시간을 동원해 강제로 물길을 바꾸어 버리면 가능하다. 하지만 개인에게 그런 능력은 없다. 가끔은 강물이 저절로 이쪽으로 흐르기도 하지만 그것은 물길이 이쪽으로도 나있기 때문이다. 사람이 뭔가를 하지 않아도 언젠가는 이쪽으로 흐를 예정이었다는 것이다.

성규 씨의 선택은 이미 그럴 예정 중의 하나를 선택한 것이다. 반대편에서 여자친구가 그의 물길을 바꾸려고 해도 바뀌는 것은 없을 것이다. 형이 건강을 회복하거나 고액 연봉을 제시하는 프로그래머 일자리가 생기는 것 같은, 홍수나 치수사업 수준의 커다란 외부 요소가 개입하지 않는 한 그녀가 고집부리는 것만으로 그의 물길을 바꿀 수는 없다.

그녀 입장에서는 남자친구가 멋대로 정한, 내 마음에 들지도 않는 꿈을 지지하는 일이 무력하게 느껴질 수 있다. 지지한다고 해서 바뀌는 일이 있을까? 그것이 과연 서로에게 좋은 선택이 될 수 있을까? 불확실한 것을 지지하는 것은 굉장히 어려운 일이기는 하다.

하지만 그 지지는 강물의 흐름을 바꾸려는 것보다는 분명 긍정적인 효과가 있다. 강이 넓어지도록 돌을 치워주는 것, 강물의 흐름이 강해지도록 물길을 넓혀주는 것, 보기라도 좋게 쓰레기라도 치워주는 것, 거스르지 않고 그 흐름을 따라가는 것은 강물이 기운차게 흘러 최상의 결과에 도착하도록 도와줄 수 있다.

그가 여자친구를 지지해주었던 것도 다르지 않다. 그녀가 결정한 것은 그녀만이 바꿀 수 있다. 그녀가 일러스트레이터의 꿈을 이룬 것은 그것이 그녀 앞의 가능성 중에 하나였기 때문이었다. 그 길 밖의 어딘가로 그녀를 억지로 데려가기 위해서는 커다란 영향력이 필요했을 것이다.

"그럼 도박으로 일확천금하려는 것도 못 말리겠네."

중요한 지적이다. 우리가 개입을 해야 할 때가 있다. 특히 본인이나 타인에게 피해가 갈 때는 적극적으로 개입해야 한다. 하지만 중독 문제나 범죄와 같은 일에서조차 이미 본인이 하려고 마음먹은 일을 바꾸는 것은 굉장히 어렵다. 그렇기에 그런 문제를 연인 간에, 가족 간에 해결하려 하지 말고 도움을 받을 수 있도록 병원이나 기관, 중독치료 센터 등이 있는 것이 아닌가.

앞 장에서도 거듭 다루었듯이 내 뜻대로 타인을 바꾸기는 굉장히 어렵다. 최선의 방법은 연인과 함께 꿈을 조율하는 것이다. 조율은 거스르고 가로막는 것이 아니다. 조화를 이루며 지지하는 행동이다! 꿈을 지지해주는 것은 가능성 하나가 실현되도록 도와주는 것이지 불가능한 것을 강제로 되게 만드는 것은 아니다.

연인 관계에서 서로의 꿈을 지지해주는 것은 생각보다 중요하다. 작은 범위에서 생각해보면 반대하지 않는 것만으로도 싸워야할 이유가 하나 줄어든다. 진로와 같은 중요한 문제에서 무작정 반대의 말을 하면 싸움이 되기 쉽다. 스스로가 옳다고 생각하는 사람을 설득하기는 쉽지 않다. 그럴 때는 동의해주는 것이 위험을 회피하는 데 효과적이다. 더구나 큰 범위에서 생각해보면 지지하는 행동의 위력이 생각보다 크다. 꿈을 지지해주는 것은 상대가 꿈에 대해서 다시 생각해볼 수 있는 기회를 제공한다.

“나는 세계 제일의 펀드매니저가 될 거야!”

국내 증권사의 지점에서 일하는 연인이 큰소리를 탕탕 친다. 그에게 “세계 제일은 무리 아닐까?”라고 말하는 것은 그의 자존심을 긁을 뿐이다. 가능한가 가능하지 않은가는 지금 굳이 따질 필요가 없는 문제다. 그냥 상대방이 큰 꿈을 갖고 있구나, 하고서 지지해주면 된다.

“그래, 열심히 해. 응원할게.”

사실은 본인도 알고 있을 것이다. 세계에서 제일가는 펀드매니저가 되기란 쉽지 않다. 국내에서 실적도 별로 좋지 않은 펀드매니저가 바로 두각을 나타낼 수 있을까? 다른 사람이 관심을 보여주면, 본인도 그 시선을 의식해서 자신의 꿈을 되돌아보게 된다. 그 결과 자연히 목표를 자신에 맞게 조절한다. 지지만 해주었을 뿐인데도 말이다. 현실적인 조언은 그 다음 순서이다.

“나는 우리 지점에서 실적이 제일 좋은 펀드매니저가 될 거야.”

“응. 꼭 할 수 있을 거야. 힘내.”

처음부터 자신의 현실에 맞는 꿈이라면 그 지지는 정말 고마운 것이 될 수 있다. 꿈을 이어갈 수 있는 끈기와 희망을 채워주는 피로회 복제다. 긍정적인 이야기를 들었을 때 기분이 좋아지는 것은 당연하 다. 그것도 사랑하는 사람의 응원이라면.

이렇게 꾸준히 지지해준 사람과 싸우게 될 때 당신은 그 고마운 사 람을 비하하겠는가? 욕을 하겠는가? 그 사람을 보면 나를 응원하고 지지했던 기억이 떠오르는데 말이다. 가끔은 져주기도 하고, 때로는 싸움 자체가 나지 않기 위해 노력할 것이다.

성규 씨가 서운해한 것도 이런 당연한 반응이 돌아오지 않았기 때 문이다. 먼저 지지하는 행동이 진심이었는지를 살펴보고, 만약 서운 했다면 자신의 감정을 전달하자. 지금 당장은 어렵더라도 두 사람 사이에 오해나 문제가 풀린다면 충분히 지지받을 수 있을 것이다. 어쩌면 그의 확고한 생각속에 감춰져 있을지 모를 무모함이나 비현 실적인 계획을 여자친구와의 대화를 통해 조율할 수도 있을 것이다.

꿈을 지지해주고 지지받는 것은 한두 번 만에 뚜렷한 효과가 나오 지는 않는다. 하지만 꿈을 향해 가는 길이 긴 만큼 효과가 나올 때까 지 시도할 기회는 어마어마하게 많다.

재경 씨의 남자친구는 지금 조그마한 사업을 하고 있다. 번화가 의 작은 커피숍인데 건물의 잉여공간을 활용한 가게라 테이블도 없고 두 사람이 일할 정도의 공간 밖에 없다. 아직은 입에 풀칠만 할 정도지만 다행히 매출은 점점 오르는 모양이다.

얼마 전까지만 해도 그녀의 남자친구는 아무 직업도 없는 취준생이었다. 나름 열심히 이력서를 쓰고, 공무원 시험도 준비해 보았지만 성과가 없었다. 사귄 지 오래된 두 사람이지만 남자친구가 몇 년 째 직업이 없다는 것은 서로에게 부담이 될 수밖에 없었다.

바리스타가 꿈인 남자친구는 부모의 강요로 대학 전공부터 취업까지 관련 없는 분야만 지망해왔다. 좀처럼 하소연하지 않던 그가 술에 취해 자신의 신세를 한탄하면서 바리스타 이야기를 꺼냈을 때, 재경 씨는 기분을 맞춰주자는 생각에서 최대한 긍정해 주었다.

그런데 그는 취했어도 기억은 하고 있었던 모양이다. 다음 날부터 바리스타 과정에 대해 알아보더니 곧바로 교육을 받으며 창업을 준비했다. 전과는 다른 활기 있는 모습에 재경 씨의 응원도 진지해졌다. 수시로 관심을 보이며 이것저것 질문도 했다. 흐릿했던 계획들은 시간이 지날수록 선명해졌고 어느덧 남자친구는 조그맣지만 자신의 가게를 가질 수 있었다.

남자친구는 자신이 예전부터 바리스타를 꿈꾸었기 때문에 꿈을 이룰 수 있었다고 생각하는 모양이다. 그러나 그녀는 그렇게 생각하지 않는다. 꿈은 꾸는 것만으로는 부족하다고, 누군가의 지지가 있어야 이루어질 수 있다고 생각한다. 뭐, 그렇더라도 굳이 그 사실을 지적하고 싶지는 않았다. 왜냐하면 자신감이 생긴 남자친구와의 관계도 훨씬 좋은 방향으로 변했기 때문이다.

남의 꿈을 선뜻 지지해주는 사람은 의외로 드물다. 누군가가 자신의 꿈을 이야기하면 사람들은 대부분 그 꿈을 분석하려고 든다.

"내 꿈은 요리사야."

"그럼 요리사 자격증은 있니? 요리에 재능이 있는 것 같아? 무슨 요리를 하려고 하는데? 재료 값도 많이 들 텐데 요리학원 다닐 돈은 있니?"

잠시도 쉬지 않고 질문을 퍼붓는다. 별 생각 없이 자신의 꿈을 이야기했던 사람은 어느새 주눅이 들어 얼버무리게 된다.

"아니, 아직 깊게 생각해본 건 아니니까. 신경 쓰지 마."

그리고 다시는 그 사람에게 자신의 꿈을 이야기하지 않는다. 하지만 내가 사랑하는 사람이라면 경우가 다르다. 연인이 자신의 꿈을 이야기한다면, 보통은 범죄와 같은 나쁜 일이 아닌 이상 지지해주려고 할 것이다. 재경 씨처럼 당장 기분을 맞춰주기 위해 건성으로 말할 수도 있고, 잘은 모르지만 사랑하는 사람이 바라는 일이라니까 진심으로 응원해줄 수도 있다. 물론 현실적으로 좋은 계획이라고 생각해서 적극적으로 지지하는 사람도 있을 것이다.

어느 쪽이 됐든 사실 괜찮다. 연인이 지지한다는 사실 자체가 상대방에게는 중요하고 고마운 일이다. 그것만으로도 긍정적인 기운을 받을 수 있고, 꿈을 위해 노력할 용기가 날 것이다. 필요한 정보를 척척 구해다 주면서 컨설팅을 해줄 필요는 없다. 가벼운 한마디. 마치 초등교사가 학생의 숙제를 보고 잘 해왔다고 치켜세워주는 것 같은 그 한마디를 반복하는 것만으로도 불확실한 미래를 두려워하는 이들에게는 큰 힘이 된다.

그런데 연인의 꿈을 지지해주지 못했다면, 그래서 꿈을 두고 싸움이 났다면 아마 그것은 그 꿈이 현실적으로 불가능하다고 우리가 먼저 판단해버렸기 때문이다.

"난 요리사가 될 거야."

이미 성인인 연인이 계획도 재능도 자본도 없이 꿈만 말한다면 걱정되는 것도 당연하다. 요리 배틀 만화책으로 요리를 배우고, 일반 사람들과는 다른 취향의 맛을 선호하고, 몇 년 째 학자금 대출 이자조차 다 갚지 못했으면서 언젠가 가게를 낼 꿈에 부풀어 있는 연인. 이런데도 지지해주어야 할까?

지지하자. 다만 꿈을 이루기 위해 노력하는 행동을 지지하자. 요리사라는 꿈이 허황되더라도 그 꿈을 이루기 위해 한 노력은 얼마든지 다른 노력으로 바뀔 수 있다. 요리 만화책을 연구하면서 봤다면 그 사람은 그것을 읽고 만화가가 될 수도, 소설가가 될 수도 있다. 꿈을 위해서 실제로 한 행동들은 모두 언젠가 결실을 맺는다.

다만 상대가 아무 노력도 하지 않은 채 말만 하고 있다면 지지해줄 수 있는 것이 없다. 어쩌면 싸움을 해서라도 현실을 알게 해주어야 하는 상황일수도 있다.

싸움을 예방하는 게 주제 아니었냐고? 물론 되도록 싸우지 않는 방법을 권하려고 한다. 하지만 상대에게 꼭 전해야 하는 것이 있다면, 다소 충돌할 위험을 무릅쓰는 것이 미래의 더 큰 싸움을 예방하는 방법이다.

남들이 하듯이 현실에 관한 질문을 해서 본인 스스로 꿈을 냉철하게 돌아보게 해줄 수 있다면 비교적 손쉽다. 직접적인 질문이 충돌로 이어질까 두렵다면 관련 자료를 찾아서 보내주는 방법도 있다. 보통 사람들이 그 꿈을 이루기 위해서 한 것들, 이를테면 요리사 취업 수기라던가 요리박람회 자료 등을 찾아준다면 스스로 꿈에 대한 태도를 돌아볼 기회를 줄 수 있다. 현실을 알게 되면 선택지도 늘어난다. 당신은 반대하는 마음을 말로 드러내지는 않았지만 우회적으로 어려움과 우려를 표현했고 싸움은 나지 않는다.

사실 냉정하게 생각하면 당신에게 상대의 꿈을 지지해줄 의무는 없다. 이것은 반대하는 경우에도 마찬가지다. 그러나 반대는 자신의 기준으로 상대를 판단하는 것이다. 지지는 나와는 상관이 없더라도 상대방에게 도움이 되기를 바라고 하는 것이다. 사랑하는 사람끼리

는 지지하는 행동이 필요하다. 그 사람이 진정 원하는 소중한 꿈이
라면 일부러 꾸준히 지지의 말을 해주자. 칭찬은 고래도 춤추게 한
다는 말도 있지 않은가.

07 나 자신부터 사랑하기

 어떤 커플이 인도로 여행을 갔다. 낯선 땅에서의 여행은 생각보
다 고되고 힘들었다. 두 사람은 상대방도 힘들 것을 생각해서 나름 맞
취주려고 애썼으나 결국은 싸움을 했다. 현지 가이드가 보고 있는 와
중에 언성을 높일 정도였다. 관광명소에 가서도 서로 멀찌감치 떨어
져서 한 마디도 하지 않았다.

두 사람을 보고 있던 가이드가 남자에게 가서 말했다.

"당신이 잘못했군요."

남자는 기가 차서 대답했다.

"내가 도대체 뭘 잘못했다는 겁니까?"

"당신은 그녀보다 자신을 소중히 하지 않았습니다."

남자는 고개를 갸웃거렸다.

"무슨 말인지 모르겠습니다."

"내가 지켜보니 당신은 늘 여자를 위해서 뭔가를 하지만 자신을 위해서는 아무것도 하지 않더군요. 좀 더 자신을 생각해보세요."

남자는 가이드의 이야기를 이해하지는 못했지만 나쁜 말은 아닌 것 같아 고개를 끄덕였다.

가이드가 중앙으로 돌아오자 이번에는 여자가 그를 불렀다.

"저 사람과 무슨 이야기를 했나요?"

"아, 별거 아닙니다. 당신이 잘못했다고 말해주고 오는 길입니다."

이번에는 여자가 기가 차서 말했다.

"내가 뭘 잘못했다는 건가요?"

"당신은 그보다 자신을 소중히 하지 않았습니다."

"그게 무슨 뜻이죠?"

가이드는 남자에게 했던 말을 대상만 바꾸어서 똑같이 말했다. 여자도 이해하지 못한 채 고개만 끄덕였다.

여행지를 이동하면서 두 사람은 가이드에게 들은 말이 생각나서 자신을 위해서만 행동했다. 그러다보니 말을 섞을 일도 없었고 더 이상 싸우지도 않았다. 그럼에도 서로 사랑하는 둘은 어느새 상대방을 위해서 행동하고 있었다. 그런데 전과는 태도가 달라진 것이 서로 느껴졌다. 마치 또 하나의 자신에게서 도움을 받는 것 같은 묘한 기분이었다.

가이드와 헤어질 무렵 두 사람은 더욱 친밀해졌다. 그리고 이야기를 나누다가 가이드가 둘에게 같은 말을 했다는 것을 알았다.

가이드에게 그 이유를 묻자 그는 아무것도 아니란 듯이 말했다.

"내가 소중한 줄 알아야 남도 소중한 줄 아는 법입니다. 자기 몸도 챙기지 못하는데 남을 챙길 때 진심이 들어가겠습니까?"

나를 사랑하는 것은 건강한 관계의 바탕이 되는 가장 기초적인 태도다. 나를 사랑해야만 상처가 났을 때 아프다는 것을 느낄 수 있다. 나를 사랑하지 않는 사람은 자기 자신의 감정을 제대로 느끼지 못하기 때문에 문제가 발생하는 것을 눈치채기 어렵다. 자신이 원하는 것을 찾아내지도 못한다. 아픔에 무디기 때문에 싸움을 하면서도 상처를 두려워하지 않는다. 나 자신뿐만 아니라 상대에게까지 상처가 되는 말과 행동을 하기도 한다.

나는 나에 대해서 얼마나 알고 있는가. 내 감정을 얼마나 느끼고 있는가. 나 자신을 얼마나 보살펴주고 있는가. 가끔은 발걸음을 멈추고 나 자신을 되돌아보자. 언제 기쁘고 언제 슬펐는지. 요즘은 무엇에 관심이 있는지. 최근에 싸움을 하고 나서 마음이 아팠는지, 아니면 그러려니 하고 무시하고 지나갔는지. 스스로에게 관심을 갖는 것은 나를 사랑하기 위한 첫걸음이고, 좋은 관계를 위한 바탕 쌓기다.

한때 부모님이 하시는 사업을 도운 적이 있었다. 생각보다 그 일을은 고되고 신경 쓰이는 부분이 많았다. 나는 새벽부터 밤까지 내 몸을 생각하지 않고 최선을 다해 일했다. 부모님이 잘 되면 나도 잘 될거라 막연하게 생각했었다. 꿈은 생각하지 않았다.

당시 나는 늘 필요 이상으로 예민했다. 사랑싸움이라도 할라치면 나도 모르게 험한 말이 나오려는 것을 억지로 참았다. 내가 원래 이랬나? 하는 의문이 들었다. 하지만 무엇이 문제인지 알 수가 없었다. 그냥 내가 다 문제라는 자조적인 생각을 했다. 그 상태로 시간이 흘러가고 있었다.

그날도 친구가 추천한 브랜드에 옷을 사러 갔다가 연인과 날 선 말을 주고받았다. 피곤하기도 하고 쇼핑보다는 데이트에 시간을 쓰고 싶어서 대충 점원이 추천해준 옷을 결제하려는데, 자꾸만 연인이 정말로 그게 마음에 드냐며 시간을 끌어 짜증을 냈다.

집으로 돌아온 나는 새로 산 옷을 들고 낡은 옷장의 문을 열었다. 분명 내 옷장인데 낯선 옷들이 있었다. 이상했다. 힙합 스타일, 정장 스타일, 작업복 스타일……. 바빠서 신경 쓰기 힘들다는 핑계로 남의 말만 듣고 산 옷들. 지금 내 손에 들린 옷에도 내 의지가 담겨 있지 않았다. 그제야 뭔가 이상하다는 생각이 들었다.

이대로는 안되겠다 싶었다. 나는 그 사람에게 가서 내 복잡한 기분을 털어놓았다. 분명 아까 싸우고 기분이 좋지 않았음에도 그 사람은 내 이야기에 귀를 기울이고 나에게 필요한 말을 해 주었다. 어쩌면 처음부터 해주고 싶었던 말인지도 모른다. 싸울 때마다 건넬까 말까 망설였던 말인지도 모른다. 그 사람이 말했다.

"당신은 소중한 사람이야."

부모님께는 죄송하나 내 몸을 좀 더 소중히 하기로 했다. 일하는 시간을 줄이고, 식사를 제때 챙겼다. 내가 마음에 드는 옷도 직접 골랐다. 사람들을 대하는 태도도 부드러워지고 연인에 대한 매너도 좋아졌다. 그 사람은 내가 골라 입은 옷을 보고 코디가 이상하다며 놀렸으나 예전보다 잘 어울린다 했다. 그것에 만족했다. 앞으로 조금씩 나아지는 것이 내가 꿈꾸던 행복이었으니까. 싸움은 자연스레 줄어들었다.

내가 문제인 게 아니었다. 내가 스스로를 잃어버린 것이 문제였다. 일에 빠져 나를 소중히 하지 않았기 때문에 모든 것에서 나 자신을 잃어버렸다. 옷 입는 것에서부터 나의 미래를 생각하고 그에게 사랑을 표현하는 방법까지.

나는 길을 찾아 돌아왔을 뿐 아니라 한 걸음 더 나아갈 수 있었다. 나를 소중히 하는 것은 이기적이 되는 일이 아니었다. 나를 소중히 하는 것은 남을 소중히 하는 초석이었다. 내가 되찾은 나 자신은 사랑할 능력을 가진 사람이었다.

어린 씨는 불행한 과거사를 가지고 있다. 그녀는 어렸을 때 부모님의 이혼 때문에 심한 방황을 했고 중1때부터 고3때까지 불량서클에 몸을 담았었다. 함께 살던 어머니가 돌아가시고 나서야 그녀는 정신을 차리고 자신을 돌아볼 수 있게 되었다. 그녀는 아버지의 지원을 받아 재수학원을 다닌 끝에 전문대에 입학했다. 열심히 공부해 취업에 성공했고 마음씨 좋은 남자친구를 사귀게 되었다.

하지만 두 사람은 사랑싸움이라는 위기에 놓여야 했다. 남자친구가 그녀의 모든 것에 관심을 가진 것이다. 좋은 의도라는 것은 알지만 그녀는 자신의 과거사를 꺼내기가 부담스러웠다. 남자친구가 질문을 하면 짜증을 내고, 화를 내며 화제를 돌리곤 했다. 하지만 이런 행동들이 오해를 불러오고, 언젠가 싸움을 부르게 될 것을 그녀도 느끼고 있었다.

고등학교 때까지만 해도 그녀는 말싸움이나 주먹싸움에서 지지 않을 자신이 있었다. 매일 같이 주먹질을 하고 머리채를 붙잡고, 학생주임에게 불려가서 혼이 나고도 다음날이면 다시 싸웠다. 맞는 것에도 이골이 나 있었다. 아프다는 걸 알기 때문에 허세를 부려 싸우기 전에 이기려 들고, 싸움이 나면 어떻게든 얼굴을 보호하면서 상대방을 많이 때렸다.

말싸움도 마찬가지였다. 그녀는 숨이 막힐 정도로 상처가 되는 말들을 숱하게 들어보았고 그만큼 지지 않기 위해 상대방의 약점을 집요하게 노렸다. 성질을 긁고, 울리고, 미쳐버리게 만들었다. 여론몰이를 당해 아무것도 하지 못하고 주먹만 쥔 적도 있었지만, 기회가 있으면 똑같은 방식으로 복수했다. 하지만 어린 씨에게 남은 건 상처뿐이었다. 사랑하는 사람과의 관계에서도 그랬다. 어머니에게 함부로 말하고, 아버지에게 대들고. 반복된 충돌은 거리감을 만들었다.

그 모든 것을 경험한 그녀는 만일 싸운다면 남자친구가 어떤 상처를 입을지 알았다. 자신이 어떤 상처를 입을지 알았다. 성인이 된 이상 다시는 같은 실수를 하지 않겠다고 어린 씨는 결심했다. 그리고 싸움을 피하려고 최선을 다했다. 그녀의 행동을 중고등학교 때 친구들이나 선생님이 봤다면 믿지 못했을 것이다. 사과하고, 애교를 부리고, 타협하고, 조율하고……. 그녀가 계속 노력하자 남자친구도 더 이상 과거 문제를 건드리지 않게 되었다. 만일 어린 씨가 계속 날카롭게 굴었다면 두 사람은 정면으로 싸웠을 것이고 어린 씨는 과거사를 지킬 수 없었을 것이다.

그녀는 상처 입힐 줄도 알고 받을 줄도 알기 때문에 더 융통성 있게 대화를 풀어나갈 수 있었다. 어르고 달래며 내 상처를 피하고, 상대방의 상처를 피했다. 두 사람 사이에는 항상 싸움을 피하게 해주는 보이지 않는 손이 있었다. 그것은 관계를 유지하기 위한 그녀의 노력이었다.

많이 싸워 본 사람이 잘 싸운다는 이야기가 있다. 어떤 의미로는 맞는 말이고 어떤 의미로는 틀린 말이다. 많이 싸워본 사람은 좀 더 주도할 수 있고, 뜻하지 않은 상황이 일어나도 당황해서 싸움에 휩쓸리지 않는다. 몸에 익힌 싸움의 기술을 활용하여 싸움을 하고 상대방을 내가 원하는 쪽으로 이끌어갈 수 있다.

그러나 정말로 잘 싸운다는 것은 얼마나 노련하게 싸우느냐가 아니라 그 싸움을 어떤 방향으로 이끌어가느냐에 달렸다. 많이 싸워본 경험을 바탕으로 상대와 나 모두에게 좋은 방향을 찾아내는 것이다. 싸움의 기술을 상대를 패배시키고 나 혼자 이득을 얻는 데에만 사용한다면, 잘 싸운다고 할 수 없다.

힘과 기술로 남을 복종시켜 원하는 것을 얻어온 사람들은 그 경험을 잊지 못한다. 힘을 키우고 기술을 익히고 그 힘을 다시 사람들에게 휘두르는 행동을 반복한다. 하지만 사랑하는 사람이 상대일 때 그런 기술은 아무런 의미가 없다. 상대가 당장은 내 뜻을 들어줄지 몰라도 결과적으로는 마음을 닫게 될 뿐이다. 내가 나쁜 싸움 방법을 선택한다면 상대방은 내게서 떠나기를 선택할 것이다. 관계를 해치고, 자신의 부족한 인격을 드러내는 길밖에 되지 않는다.

고등학생 시절의 어린 씨는 상처의 아픔과 두려움을 알고 있었고, 싸우는 방법도 아주 잘 알고 있었다. 하지만 당시 그녀는 방법을 긍정적인 방향으로 활용하지 않았다. 상대를 더 크게 상처 주고 더 쉽게 패배시키는 것에만 골몰했다. 목적 없이 방황하고 아무에게나 분노를 터뜨렸으며, 원하는 것을 얻기 위해서라면 상처 입을 위험도 아랑곳하지 않았다. 자신이 상처입은 만큼, 혹은 그 이상으로 상대에게 상처를 주려 했다.

성인이 되면서 어린 씨는 자신을 사랑하게 되었다. 목표를 이루기 위해 노력하는 것을 배웠고, 그렇게 얻은 것을 소중히 할 줄 알게 되었다. 자신이 소중해진 만큼 더 이상 상처받지 않기를 바라게 되었고, 다른 사람에게도 상처를 주지 않길 원하게 되었다. 다정한 남자친구는 어린 씨에게 무척 소중한 존재일 것이다. 그에게 상처를 주면 어린 씨 스스로도 상처를 받게 된다. 또한 어린 씨가 상처받으면 남자친구 역시 상처받게 된다.

어린 씨는 이 사실을 알기에 아무도 상처받지 않게 하기 위해 최선을 다했고, 과거의 상처받은 경험들을 바탕으로 훌륭하게 관계를 조율할 수 있었다. 하지만 아무리 풍부한 경험을 갖고 있다 하더라도, 어린 씨가 비밀을 숨기기 위해 자신이나 남자친구가 상처받아도 상관없다고 생각했다면 결과는 많이 달랐을 것이다. 자신을 진심으로 사랑할 때에야 당신이 가진 모든 것이 당신의 힘이 될 수 있다. 과거의 잘못들도, 지나간 싸움의 아픈 상처도 풍부한 경험이 되어 당신을 뒷받침해줄 것이다.

에리스는 짓궂은 미소를 지으며 황금사과를 던졌다. 한 쌍의 연인을 불화로 몰아넣고 싸움구경을 할 요량이다. 두 사람은 울까? 고함칠까? 일주일 내내 말을 안 하거나 아예 헤어질지도 모른다.

기대에 차 기다리던 에리스는 잠시 후 뭔가 이상하다는 것을 깨달았다. 분명 황금사과의 탐스러움을 이기지 못한 두 사람은 토라지며 다투어야 하는데 차분하게 이야기를 나누고 있을 뿐이다. 황금사과는 어디로 갔는지 보이지 않는다.

'없어져 버렸나? 할 수 없지 뭐.'

이 장난스러운 여신은 심심함을 참지 못하고 금세 다른 목표를 찾아 걸음을 옮긴다. 언젠가 다시 찾아올지도 모르겠으나, 지금 이 순간 두 사람은 달달하고 행복한 연애를 한껏 즐기고 있다.

지금 당신의 발치에도 에리스가 던진 황금사과가 굴러와 있을지 모른다. 하지만 두려워하지 않아도 된다. 이제까지 우리는 불화의 사과를 숨기고 싸움을 피하는 기술에 대해 충분히 이야기했다. 그중에는 당신이 이미 잘 활용하고 있는 방법도 있을 것이고 아직 시도해보지 않은 것들도 있을 것이다. 무엇이 효과적인지, 무엇이 당신의 관계를 행복하게 하고 연인의 웃는 얼굴을 보여주는지 차근차근 시험해보라. 그럴 수 있는 기회는 많다.

당신은 좋은 관계를 위해 노력하고 있으며, 효율적으로 노력하기 위한 기술을 배웠고, 이제는 자신감도 가졌을 것이다. 더 좋은 것은 당신이 이 모든 것을 당신의 연인과 나눌 수 있다는 것이다. 다음에 에리스 여신을 만나더라도 그녀는 황금사과만 잃은 채 아쉬운 발걸음으로 우리들 곁을 떠나갈 것이다.

존중하는 관계에서
지켜야 할 것들

역린을 건드리지 말자

용은 매우 순해서 길들이기 쉽지만 딱 한 가지를 조심해야 한다고 한다. 목 부근에 단 하나 거꾸로 난 비늘이 있는데 이를 건드리는 사람은 반드시 죽임을 당한다는 것이다.

전부 한 방향으로 난 비늘 사이에 단 하나만 거꾸로 난 비늘. 이것이 역린이다. 괜히 조화를 망치는 존재 같고, 눈에 띄면 무심코 건드리고 싶은 생각도 든다. 그러나 여기가 바로 급소가 아닐까 하고 의기양양하게 건드리는 사람은 본전도 못 찾은 채 험한 꼴을 당한다.

용은 환상 속의 생물이라 실제 만져볼 수 없지만, 이 역린지화(逆

鱗之禍)는 인간관계에서 무엇을 주의해야 하는지 말해준다. 사람도 마찬가지다. 누군가의 약점을 건드리면 그 사람을 제압하는 것이 아니라 도리어 역공을 당할 수도 있다. 당연히 싸움도 따라온다.

 종석 씨는 떡에 대해 좋지 않은 추억을 가지고 있다.

종석 씨의 아버지는 종석 씨가 어렸을 때 사업을 실패하고, 택시 운전을 하면서 가정을 꾸렸다. 빚도 있고 세 남매의 학비도 적지 않았으나 아버지는 어떻게든 예전과 같은 생활로 돌아가기 위해 노력했다. 쉬는 날에는 자상한 아버지로, 일하는 날에는 치열한 노동자로 하루하루를 사셨다. 그러던 어느 날 갑자기 병원에서 전화가 왔다. 아버지가 점심시간을 아끼기 위해 급하게 떡을 먹다 목에 걸려 의식을 잃으셨다는 것이다. 택시를 타려던 손님이 아버지를 발견하고 구급차를 불렀지만 이미 늦은 뒤였다.

이런 사연으로 종석 씨는 떡을 절대 먹지 않는다. 아예 쳐다보기도 싫어한다. 떡 선물은 무조건 거절했고, 지금도 떡만 보면 기분이 좋지 않아 주변 사람들에게 민감하게 굴었다. 그는 여자친구에게 떡에 관련된 자신의 이야기를 전했다. 나름대로 그의 역린을 건드리지 말아 달라고 배려를 부탁한 것이다.

그러나 그녀는 그가 비합리적인 사고를 하고 있다고 생각한 모양이

다. 이제는 아픔에서 벗어나야 한다면서 자꾸 떡에 대한 이야기를 꺼
냈다. 일부러 떡을 먹어보라고 권하기도 했다. 딱히 떡을 기피하는 습
관을 고칠 생각이 없었던 종석 씨는 여자친구에게 화를 냈다. 하지만
여자친구는 언제까지 트라우마에 갇혀 있을 거냐고 맞받아쳤다. 정신
적인 이유로 떡을 먹지 못 하는 종석 씨가 비정상이라는 것이다.

종석 씨와 여자친구는 지금 냉전 중이다.

사람은 각자의 아픔을 가지고 있다. 병이나 사고로 가족을 잃은 사
람, 왕따를 당한 과거를 품은 사람, 부모 없이 자란 것이 콤플렉스인
사람 등등. 이 아픔을 다른 이가 언급하면 불편해지기 쉽다.

역린은 사람마다 다르다. 치유되지 못한 아픔일 수도, 숨기고픈 치
부일 수도 있다. 고집을 부려서라도 지켜야 할 자존심일 수도 있다.
사람에 따라서는 역린을 끄집어냄으로써 마음이 편안해지고 앞으로
나아가게 되는 경우도 있지만 그것은 상황과 사람이 준비되었을 때
의 이야기다. 무조건 건드린다고 문제가 해결되는 것은 아니다. 함부
로 역린을 건드리면 대부분의 사람들은 불쾌감을 느낀다. 상대를 적
대하거나 분노를 표출한다. 전문가라 하더라도 신중하게 다가가야
하는 것이 역린이다.

그런데 의외로 연인이나 배우자가 역린을 건드리는 경우가 많다.
싸울 때, 또는 일상에서 의도적으로 혹은 무심코 한 말이 역린을 건

드려서 큰 싸움으로 이어지곤 한다. 내가 보기엔 사소한 문제인데 상대방이 크게 화를 냈다면, 모르는 사이 역린과 직접적, 간접적으로 연결된 문제를 건드렸을 가능성이 크다.

종석 씨의 역린, 떡에 얽힌 사연은 종석 씨의 감정적인 약점이었다. 종석 씨가 그것을 드러낸 이유는 약점을 보호받기를 원해서였다. 역린이 건드려졌을 때 종석 씨와 여자친구 양쪽이 다 상처받는 것을 피하려고 했던 것이다.

그러나 여자친구는 그 약점을 고치려고만 했다. 종석 씨를 생각해서 한 행동이었을진 몰라도, 이것은 종석 씨의 의사를 무시하는 행동이었다. 또한 종석 씨가 가진 약점을 받아들여주지 않는 것이기도 했다. 여자친구가 이를 깨닫지 못하고 자기 생각만 계속 밀어붙인다면 종석 씨와 화해하기는 어려울 것이다.

역린을 조심한다는 것은 사랑하는 사람의 약점을 이해하고 있는 그대로 받아들인다는 뜻이다. 아픔을 나누는 것도, 치유하는 것도 여기서부터 시작이다.

변명하지 말자

연애를 하다 보면 상대에게 잘못을 저지를 때가 있다. 그런데 나름 변명이라고 한 이야기가 오히려 상대방의 화만 돋우고 결국 싸움으로 번진다. 서툰 변명으로 상황을 악화시킨 사람은 "변명이 아니라 상황을 설명하려고 한 것이다. 들어주지도 않는 것은 너무하지 않느냐"라고 하소연한다. 하지만 과연 그런 문제일까?

 "앗, 지금 몇 시지?"

상민 씨는 깜짝 놀라 일어나며 시계를 보고 사색이 됐다. 여자친구와 약속한 시간에서 1시간도 넘게 지나 있었다. 어제 술자리가 늦게 끝난 뒤, 그대로 점심때까지 자버린 모양이다. 전화에는 부재중 통화와 8개의 문자가 찍혀 있었다.

지금 간다는 문자를 허둥지둥 날리고 옷을 걸쳐 입었다. 겨우 약속 장소에 도착하고 나니 2시간 지각이었다. 당연히 그녀는 머리끝까지 화가 나 있었다.

상민 씨는 슬슬 눈치를 보며 말을 꺼냈다.

"밥은 먹었어?"

"처음 할 말이 그거야?"

역시 절대 그냥 넘어가주지 않는다. 상민 씨는 우물쭈물 대답했다.

"미안. 어제 우리 과에서 술모임이 있었는데…… 선배들이 많아서 먼저 일어날 수가 없었어. 그리고 일어나 보니까……"

"늦으면 늦는다고 연락 정도는 해줘야 하는 거 아냐? 몇 번 전화했는지 알아?"

"술 먹고 자느라 벨소리를 못 들었어."

"한두 번도 아니고 매번 늦잖아. 너무 심한 거 아냐?"

"매번은 아니지. 그리고 오늘은 사회생활 하느라 그런 거잖아."

"대학 다니면서 술 먹는 게 사회생활이야? 누구는 대학 안 다녀?"

"이렇게 화낼 거면 기다리지 말고 그냥 집에 가지 그랬어."

"지금 그걸 말이라고 해?"

싸움을 하려고 벼르고 나온 것 같다. 상민 씨는 자신이 잘못 말한 것이 있는지 생각해보았다.

변명은 면죄부가 아니다. 잘못을 했다면 진심 어린 사과부터 하자. 상황 설명은 그 다음이다. 우리는 완벽한 사람이 아니다. 실수와 잘못을 할 수 있다. 변명에 집착하는 것은 우리 자신에 대한 믿음과 상대에 대한 신뢰가 부족하다는 것을 무의식적으로 표현하는 것에 불과하다. 사과만으로도 상대방은 우리를 이해하고 용서해줄 것이다. 당신은 소중한 존재이기 때문이다.

비교하지 말자

가격비교 사이트에서는 인터넷 쇼핑몰에서 판매하는 물건들의 가격을 비교해준다. 소비자는 그 중에서 가격이 제일 싸거나 같은 가격대에서 옵션이 좋은 것들을 골라 구매한다. 요즘은 가격비교 사이

트를 비교해주는 사이트까지 등장했으니 물건 구매에 있어 비교는
선택을 넘어 필수라고 해도 좋을 것 같다. 그런데 사람도 물건처럼
객관적으로 비교가 가능할까? 우리는 그것이 불가능하다는 걸 알면
서도 기회만 있으면 비교를 하려고 한다.

"전 여친은 안 이랬는데."

"전 여친이 좋아하던 건데."

"전 여친이 솔직히 더 예쁘긴 하지."

정민 씨의 남자친구는 전 여자친구 이야기를 평상시 대화중에 툭툭
내뱉는다. 하지만 정민 씨는 그 말에 반박할 수 없다. 외모도 경제력도
눈에 띄게 뛰어난 그에 비해 정민 씨의 조건은 너무 모자라다. 직설적
으로 이야기하자면 결혼이라도 하지 않는 한 버림받지 않을 자신이
없다. 정민 씨는 그를 진심으로 사랑한다. 그렇기 때문에 놓치고 싶지
않고 싸우고 싶지 않다.

남자친구는 전 여자친구와 안 좋게 헤어졌다. 그 여자는 정민 씨와
는 비교도 안 될 정도로 조건이 좋았다. 이미 헤어진 지 오래인데도 그
가 무심코 입에 올리는 전 여자친구의 존재는 정민 씨를 두렵게 만든다.

"나 같으면 확 싸우고 헤어져버리겠다. 할 말은 해야지."

"서로 사랑한다면서 왜 아무 말도 못 하냐?"

친구들은 비교당할 때 가만히 듣고만 있지 말라고 조언한다. 하지만 여러모로 부족한 정민 씨는 그에게 불만을 말할 마음이 들지 않는다.

엄친아, 엄친딸. 엄마 친구의 자녀들은 왜 하나 같이 그렇게 뛰어난 것일까. 공부도 외모도 재능도 연봉도 무엇 하나 뒤처지는 것이 없다. 하지만 그 미지의 존재를 우리가 실제로 보게 되는 경우는 좀처럼 없다. 연인이 나와 비교하는 대상도 마찬가지다. 실체 없는 존재이지만 우리를 늘 압박하고 죄여온다.

그런데 아이러니하게도 그 미스터리한 존재를 우연찮게라도 직접 보게 되면 의외로 안도감이 들기도 한다. 모호한 것이 현실이 될 때, 그들을 뛰어넘을 자신의 장점을 찾을 수 있게 되기 때문이다. 어떻게 보면 두렵고 불안해하는 것은 비교당하는 내가 아니라, 비교하고 있는 그 사람이다. 비교하지 않으면 지금의 사랑을 이어가지 못할 정도로 불안한, 불쌍한 사람이다. 오히려 자신이 비교당할까봐, 상대가 당당한 모습으로 마땅히 주어져야 할 존중을 요구할까봐 부풀리고 과장해서 우리의 시선을 돌리는 것이다. 하지만 우리는 이미 알고 있다. 나는 충분히 가치 있고 아름다운 사람이라는 것을.

사람은 완벽할 수 없다. 하지만 누구나 자신만의 장점이 있다. 비교당한다고 해서 데굴데굴 슬픔의 안쪽까지 굴러가지 말자. 조율하는 과정에 '비교하기'는 없다. 지나간 인연조차 마음속에서 정리하지 못한 사람은 우리를 남과 비교할 권리가 없다. 비교당하는 것에 계속 겁을 먹고 싸움에서 져주기만 한다면, 영원히 비교의 굴레 속에서 살아가야 할 것이다.

비교하지 말아달라고 당당히 말하되 동시에 속상한 감정을 전달해보는 것은 어떨까? 내 요구를 말하기 전에 사랑하는 사람한테 비교 당해 가슴이 아프다는 감정을 전달한다면 상대방은 자신의 행동을 돌아볼 것이다. 당신이 상처받는다는 사실에 아랑곳하지 않고 비교를 계속한다면 관계를 되돌아볼 필요가 있다.

더 우월한 상대와 비교당할 때 당신이 두려움에 빠지는 것은 조건이 부족하다는 이유로 버림받을지도 모른다는 생각 때문이다. 그 사람을 정말 놓치기 싫은가? 자신을 사랑하지 않으면서까지? 당신이 비교당하고 자신감을 잃은 채로 계속 그에게 끌려 다니는 것이야말로 그의 이기적인 목적일 가능성도 크다. 정말 그가 조건 따지기를 좋아한다면 당신은 언제든지 다른 사람으로 대체될 수 있다. 나중에 바뀌나 지금 바뀌나 무엇이 다를까. 그러니 불확실한 미래를 두려워하며 소극적으로 굴지 말자. 싸움에서 상대방의 속마음을 확인하고 내 속마음을 전달하자. 조건이 나쁜 것은 죄가 아니다. 그가 비교하지 못한 다른 조건들은 당신이 훨씬 더 나을 것이다.

시험하지 말자

윤지 씨는 예전에 사귀었던 남자들에게 여러 번 배신당해 지금의 남자친구에 대해서도 의심을 자주 하는 편이다. 그녀가 가장 궁금해 하는 것은 그가 자신을 진심으로 사랑하고 있는가다. 남자친구는 이전 남자친구에 비해 성실하고 신사적이다. 그녀에게 늘 잘해주고, 이해하려고 노력한다. 그러나 그녀는 과연 그 모습이 진실인지 쉽게 결론을 내리지 못하고 있었다.

그녀는 전 남자친구들에게 물질적, 정신적으로 손해를 입은 것은 자신이 너무 순진했고 사람을 잘 믿었기 때문이라고 생각했다. 그래서 남자친구의 핸드폰도 몰래 훔쳐보고, 블로그와 SNS도 늘 체크한다. 그러나 항상 별 이상은 없다. 친구들은 그녀의 행동이 도가 지나치다고 이야기하지만, 그녀는 사회는 무서운 곳이고 이미 몇 번의 쓰라린 경험 때문인지, 자신의 것은 자신이 지켜야한다고 했다.

그러던 중, 연인이나 부부를 대상으로 몰래카메라 실험을 하는 방송에 출연할 기회가 생겼다. 윤지 씨는 남자친구를 시험해보고 싶다며 출연 신청을 했다. 아무것도 모르는 남자친구는 미모의 여성들에게 하루 종일 과감한 대시를 받았고 결국엔 유혹에 넘어갔다. 방송은 우여곡절 끝에 훈훈하게 화해하는 모습으로 촬영을 마쳤다. 하지만 두 사람만 남게 되자, 둘은 크게 싸웠다.

남자친구는 유혹에 넘어갈 상황을 만들고 그것을 통해 사랑을 확인하는 방법 자체에 실망했다고 말했다. 한 번도 그녀를 의심한 적 없었는데 자신이 정말 어리석었다고. 반면 그녀는 유혹에 넘어간 주제에 왜 나에게 화를 내냐고 따졌다. 사람이라면 누구나 사랑에 대해서 의심할 수 있고, 그 의심을 용서해줄 수 있어야 한다고 말했다.

그녀는 상담실에서 눈물을 펑펑 흘렸다. 자신은 왜 나쁜 남자만 만나느냐고. 못 생기고, 돈 없어도 좋으니까 믿을 수 있는 사람과 사랑하고 싶다고.

윤지 씨가 얼마나 힘들고 슬플지 겪어본 사람은 알 것이다. 사랑하는 사람에 대한 믿음이 부서졌을 때의 고통, 아픔, 슬픔, 괴로움. 사람 때문에 다친 상처는 사람으로 치료할 수 있다고 생각했건만, 그마저도 여의치 않을 때의 절망감.

그러나 윤지 씨를 동정하는 것과는 별개로 상황을 잘 살펴보아야 한다. 윤지 씨 커플은 처음에는 아무 문제가 없었다. 하지만 지금은 서로에 대한 신뢰를 완전히 잃고 말았다. 도대체 왜 이런 일이 일어난 걸까?

윤지 씨는 남자친구가 유혹에 넘어갔기 때문이라고 말할 것이다. 과연 남자친구가 유혹에 넘어가지 않았다면 둘 사이엔 아무 문제가 없었을까? 윤지 씨는 안심하고 남자친구를 믿을 수 있었을까? 안타깝지만 그러지 않았을 것이다. 남자친구의 반응은 지금과 똑같았을 것이고, 설령 용서받았다고 하더라도 윤지 씨는 계속 불안해 했을 것이다.

그녀는 과거의 상처 때문에 의심할 명분이 있다고 주장한다. 적어도 그녀의 경험에 따르면 의심하는 것은 꼭 필요한 일이었고 자신을 지키기 위한 수단이었다. 하지만 그것은 과거 남자친구와의 관계를 지금의 관계에 그대로 가져온 것에 불과했다.

지금의 남자친구가 그녀에게 아무리 잘해도, 그녀의 두려움은 과거에서 온 것이었기에 해소되지 않았다. 아무 문제가 없는 동안에도 그녀는 언젠가 또다시 상처받을지 모른다는 두려움에 떨었다. 그 두려움을 견디지 못하게 되자 윤지 씨는 남자친구를 시험하게 되었다.

두려움은 사랑을 시험하게 만든다. 임신했다는 떠보기로, 헤어지자는 거짓말로, 핸드폰 좀 빌리자는 핑계로. 그리고 그 시험은 대부분 안 좋은 결말로 이어진다. 사랑이 더 돈독해지는 경우가 아주 없는 것은 아니지만 이미 시험한다는 행동 자체가 관계를 깨는 행동이다. '너의 속마음을 믿을 수 없다'고 공표하는 것이나 다름없으니까.

바람을 피웠거나 사기를 쳤거나 폭력을 행사하는 등 이미 두 사람의 관계를 깨어버리는 행동을 한 사람은 의심하는 것이 마땅하다. 하지만 그런 특별한 경우가 아니라면, 일반적으로는 서로가 서로를 믿어야 관계를 길게 유지할 수 있다.

우리는 상대의 마음을 투명하게 들여다볼 수 없다. 하지만 진심으로 함께하고 싶다면 먼저 상대를 믿어보라고 조심스럽게 권하고 싶다. 믿음 없이는 사랑이 이어질 수 없다. 필요할 때 내 진심을 전하는 데에도, 상대방이 내가 주는 사랑과 진심을 받아들이는 데에도 믿음이 필요하기 때문이다.

분노에 동조하지 말자

영화 〈28일 후〉를 보면 분노 바이러스에 감염된 사람들이 좀비처럼 타인을 해친다. 그들의 내면에는 오직 폭력성만이 존재하며 이성이라고는 눈곱만큼도 찾아볼 수 없다.

자주 분노하는 사람들을 분석해보면, 옳고 그름의 경계가 확실하게 나누어져 있고 그 중간이 없다고 한다. 즉 자신의 기준에서 그르다고 판단되는 일이 벌어진 순간 화를 내는 것이다. 분노가 가장 쉽게 튀어나오는 상황은 바로 운전할 때다.

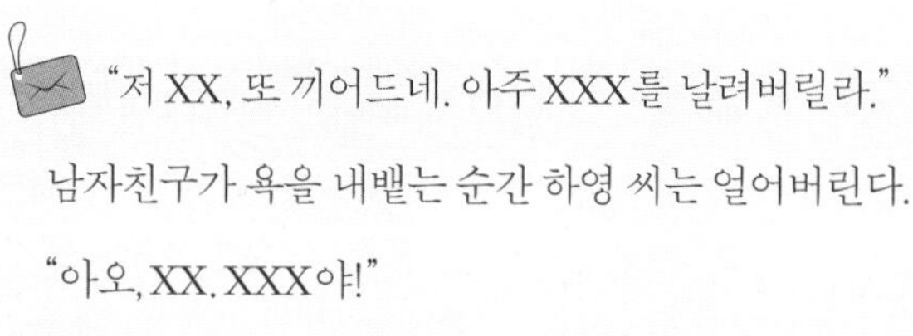

남자친구가 욕을 내뱉는 순간 하영 씨는 얼어버린다.

"아오, XX. XXX야!"

그는 자동차의 경적을 울려대고 결국 유리창까지 내린다.

“오빠, 참아.”

“가만있어 봐. 저런 XX는 아주 그냥 묵사발을 내버려야 돼. 야, 운전 똑바로 못 해?”

그는 운전할 때면 딴 사람이 되는 것 같다. 거친 욕설에, 운전대에 화풀이까지. 예전에는 레버 하나가 부서진 적도 있다.

남자친구는 체격이 그렇게 좋은 편도 아니고, 누구와 싸울만한 사람도 아니다. 오히려 해코지를 당할 가능성이 더 높달까? 요즘 같이 흉흉한, 운전자간 마찰로 사상사건이 일어나는 세상에 조금만 참으면 될 텐데 그는 참질 못한다. 운전을 잘 모르는 하영 씨가 봐도 남자친구가 양보했다면 별 일 없이 넘어갈 수 있었을 일이다.

하영 씨가 더욱 걱정되는 건 그게 남자친구의 본모습일까봐서다. 나중에는 하영 씨한테도 욕을 할까봐, 운전대에 화풀이를 하듯 그녀에게 손을 댈까봐 무섭다.

“오빠. 그만 해.”

“조용히 좀 해봐. 저런 건 가만 놔두면 안 된다니까?”

이미 흥분한 그는 운전마저도 거칠게 하고 있다.

“오빠······.”

“확 그냥 박아버려야 정신 차리지, 저 XX.”

결국 가벼운 접촉 사고가 났다. 허둥지둥하는 사이 경찰이 왔다가고, 보험회사가 왔다가고, 차는 어느새 도로의 가장자리에 세워져 있다.

"내 잘못이 아닌데. 너도 봤잖아. 요즘 보험회사도 한통속이라니까."

"오빠. 운전할 때 조심해서 해. 한두 번도 아니고. 양보 좀 해줬다고 문제 되는 건 아니잖아."

"네가 뭘 몰라서 그러나 본데, 내가 양보할 상황이 아니었다니까."

"속도를 조금만 늦췄으면 됐잖아."

"넌 왜 아무것도 모르면서 자꾸 그렇게 얘기 하냐!"

"내 말은 그게 아니라. 운전 좀 조심하라는 뜻이잖아. 내가 볼 때 오빤 너무 막 한다고."

"모르면 얘기하지 마라. 안 그래도 골치 아픈데."

남자친구는 하영 씨의 이야기를 들으려고도 하지 않는 것 같다. 여전히 자신의 운전 습관에는 문제가 없다고 생각하고 있다.

곁에 있는 연인이 강한 분노를 표출하면 내가 원인이든 아니든 상관없이 당황하게 마련이다. 하지만 연인이 무언가에 대해 미칠 듯이 화를 내고 있을 때 반대되는 의견을 제시하는 것은 좋은 선택이 아니다. 아무리 올바르고 좋은 이야기라도 상대의 머릿속에 들어가지 않는다.

일단은 상대의 감정을 진정시키는 것이 중요하다. 분노는 강한 에너지를 표출하는 대신 오랜 시간 지속되지 못한다. 그 에너지가 사그라지거나, 상대가 의도적으로 조절할 때까지 분노에 조용히 대처

해야 한다. 이미 상대의 감정을 품어주는 방법은 앞에서 설명했다. 상대방의 감정에 대해 공감해주자. 화냈던 것을 긍정하거나 칭찬하라는 말이 아니다. 그가 화를 낼 수밖에 없었던 상황을 이해해주라는 말이다.

"그래. 화가 많이 났겠네."

이정도면 충분하다. 굳이 긴 말을 하면서 그의 말과 행동을 고쳐주려 할 필요는 없다. 잘못을 지적하는 것도 의미 없다. 이것은 오히려 상대의 분노에 내 분노를 더하는 행동이다. 분노는 전염병처럼 다른 곳으로 옮겨가기 쉽다. 가장 두려운 것은 그 분노가 우리를 향했을 때이다. 우리는 아무것도 못하는 피해자가 되거나, 맞서 싸워 서로에 대한 가해자가 될 수밖에 없다.

문제를 해결하길 원한다면 분노가 완전히 가라앉은 후, 혹은 분노가 생기기 전에 부드럽게 접근하는 것이 좋다. 가장 효과적인 것은 차를 타기 전에, 시시콜콜 지적하지 말고 의미심장하게 '잘 할 거라 믿는다'고 응원하는 말을 건네는 것이다. 남자친구는 마치 중세 기사들이 전투에 나가기 전 귀족 아가씨에게 행운의 말을 듣는 것 같은 기분을 느낄 것이고, 화내는 대신 기꺼운 마음으로 스스로의 분노를 다스리려고 할 것이다. 상대의 행동은 눌러주되, 상대의 마음에는 같은 편이 되어주는 것이다.

단 분노에 관한 문제에 있어서는, 문제해결을 시도하는 동시에 냉철하게 상황을 판단하는 것도 중요하다. 상대의 분노가 우리가 감당할 수 있는 정도인지 그럴 수 없는 정도인지, 그 분노가 폭력으로 이어지지는 않는지. 두 사람이 같이 승리를 누릴 수 없고, 승자와 패자를 나누는 싸움이 될 수밖에 없다면 그때는 관계를 돌아보고 결단을 내려야 한다. 무자비한 분노 앞에서 대신 싸워줄 사람은 없다.

잘못은 쿨하게 인정하자

남주 씨는 남자친구와 싸움이 끝난 후에야 자신이 잘못했다는 사실을 깨달았다. 얼마 전 남자친구는 외국으로 출장을 간다면서 바쁜 일정 때문에 수시로 연락을 하지 못할 수도 있으니 이해해달라고 양해를 구했다. 그땐 그다지 귀담아 듣지 않았지만 분명 그는 미리 이야기를 했다.

남주 씨는 그 사실을 잊어버린 채 남자친구에게 답신이 늦는 걸 보니 새 여자가 생긴 것 아니냐고 농담 삼아 투정을 부렸고, 곧바로 싸움이 났다. 민망하고 할 말이 없었다. 보통 싸움을 하면 남자친구가 먼저 사과를 했지만, 순전히 남주 씨 잘못으로 일어난 싸움은 이번이 처음이다. 아니, 처음이 맞나? 괜히 전의 싸움마저도 의심이 간다.

사과를 해야 할까? 아니면 그냥 모르는 척 할까?

솔직히 사과하는 것은 왠지 자존심이 상한다. 그렇지만 사과를 하지 않으면 계속 미안하고 찜찜할 것이다. 어떻게 해야 할까? 남주 씨는 고민하고 있다.

영드나 미드 속 연인들은 너무도 자연스럽게 사과를 한다. 당장이라도 헤어질 것처럼 싸우면서도, 사과할 순간이 오면 망설임 없이 미안하다고 말한다. 사과뿐만이 아니다. 감사에 대한 표현도 자주, 자연스럽게 한다. 그렇다고 의미 없이 사용하지는 않는다. 아무것도 적히지 않은 공수표를 이리저리 뿌리는 것과는 다르다. 자신의 감정을 꼭꼭 담은 수표를 필요할 때 척척 내밀고 상대방은 그것을 잘 받아준다.

사과를 잘 하지 않는 사람은 감사 표현도 잘 하지 않는 사람일 가능성이 높다. 물론 감사보다 사과가 몇 배나 어려운 표현이다. 내가 잘못했다는, 인정하고 싶지 않은 사실 하나가 툭 하고 생기니까. '이게 아마 평생 날 따라다니겠지'라는 생각이 들 것이다. 그러나 그건 단지 내 생각일 뿐이다. 사과하든 안 하든 내가 한 잘못은 없어지지 않는다. 사과는 오히려 잘못을 지우는 데 효과적이다. 사람은 끝나지 않은 일에 더 집착한다. '사과'로 끝맺지 않은 잘못은 본인과 상대방의 기억 속에 계속 남게 된다. 미완성된 잘못은 꼬리표가 되어 따라다니고 그럴수록 과거에 계속 얽매이게 된다.

머리 굴리지 말고 바로 사과하자. 우리는 정치인이 아니고, 기업인이 아니다. 사과가 내 인생이나 연봉에 영향을 끼치는 것도 아니다. 사과하면 금방 끝날 것을 몇 배, 몇 십 배까지 키우지 말자. 확실하게 인정하면 오히려 쿨하고 털털한 사람으로 보일 것이다.

더 싸우기는 싫지만 자존심 때문에 절대로 사과는 못하겠다는 사람도 있을 수 있다. 그렇다면 이것만은 지키는 것은 어떨까? 앞으로 그런 잘못을 다시 하지 않겠다고 약속하고 그 약속을 지키는 것이다. 상대방에 따라서는 이 대답을 간절히 원하고 있는 경우도 많다. 사과를 했다면 이 약속에 대한 부담감은 조금 줄어들 테지만, 사과조차 하지 않았다면 반드시 지켜야 상대방이 또 실망하지 않을 것이다. 당신이 잘못을 인정하는 쿨한 사람을 좋아하는 것처럼 상대방도 그런 사람을 좋아한다.

이 사람, 정말 나를 사랑하는구나

내가 어렸을 적, 부모님께선 늘 싸움을 하셨다. 두 분은 밤늦도록 목청을 높여 서로를 비난했다. 다음날이 되면 어머니는 속이 잔뜩 상한 얼굴로 나를 붙잡고 "너는 절대 싸우지 마라"라고 말씀하셨다. 그러고서 며칠이 지나면 다시 싸움을 하셨다.

나는 성장기 내내 두 분 사이에서 싸움을 말리며 중재자 역할을 했다. 하지만 내가 아무리 노력해도 부모님은 싸움을 멈추지 않으셨다. 그 역할은 너무나 힘들고 고통스러운 것이었다. 어머니가 "너는 절대 싸우지 마라"라고 말씀하실 때마다, 나는 '싸움은 나쁜 것이고 나를 아프게만 하는 것'이라는 생각을 거듭 굳혔다.

그러던 어느 날, 내게도 처음으로 가슴 뛰고 설레는 사랑이 찾아왔다. 잘해주고 싶고, 아껴주고 싶고, 존중해주고 싶은 상대와의 만남 속에 나는 큰 행복을 느꼈다. 하지만 첫사랑의 행복은 금방 지나갔고, 우리 사이에도 먹구름 같은 불화가 끼어들었다. 데이트가 뜻대로 안 풀릴 때, 별것 아닌 일로 날카로운 의견 충돌이 있을 때마다 불편한 감정이 찾아왔다. 답답하고 속상하고 화나는 감정. 어머니의 가르침대로 싸움만은 하지 않으려고 애썼지만 상한 내 마음을 어떻게 할 방법이 없었다. 그렇다고 싸움을 하자니 어렸을 때 경험한 그 고통이 다시 찾아올 것 같은 두려움에 가슴을 조였다.

처음에 나는 무조건 참고 인내하려고 했다. 충돌할 만한 상황은 먼저 피하고, 양보해서 될 일은 최대한 양보했다. 하지만 어느 날, 사소하기 짝이 없는 일 하나로 내 감정은 폭발하고 말았다. 지금까지 참았던 분노와 눈물이 쏟아져 나왔다. 참고 또 참았던 것은 행복해지길 바라서였는데, 그 결과는 감당하기 힘든 고통이었다. 참는 것은 해결방법이 아니었다.

결국 나도 다른 이들처럼 싸움을 할 수밖에 없었다. 그리고 다른 이들처럼 슬프고 아팠다. '사랑하는데 왜 이렇게 힘들지?' '사랑하는 사람이 왜 내게 고통을 주지?' '앞으로도 계속 이렇게 가슴 아파야 하나?' 하는 질문이 꼬리에 꼬리를 물었다.

그때부터 나는 사랑에 관해 공부했다. 심리, 철학, 인문, 소설 등 사랑을 다룬 책은 뭐든지 찾아 읽고, 심리학과에 입학하여 사랑을 중심으로 공부했다. 내가 알고 싶었던 것은 하나였다.

"어떻게 하면 사랑하는 사람과 싸우지 않을 수 있을까?"

그 답은 좀처럼 찾아지지 않았다.

그런데 생각지도 않은 답변이 운명처럼 찾아왔다. 데이트 도중, 작은 말다툼이 번져 또다시 싸움이 벌어졌을 때였다. 그날도 우리는 언성을 높이며 잘잘못을 가리고, 서로 질세라 서운한 감정을 쏟아내고 있었다. 그러다 불현듯 그 안에 숨겨진 진심이 느껴졌다. 지금 내게 화를 내며 소리치고 있는 이 사람의 말 속에 나를 위해 참아주고, 이해해주고, 관심 가져주는 마음이 담겨 있었다. 무엇을 위해 지금까지 참아왔는지, 나를 어떻게 생각하는지, 나에게 잔소리 하는 이유가 무엇인지 그제야 알 수 있었다.

그 순간 '이 사람은 왜 이렇게 내 마음을 모르지?'라는 원망이 끝났다. 그 자리를 '이 사람 정말 나를 사랑하는구나'라는 감동이 채웠다. 벅차오르는 마음을 견딜 수가 없어 그대로 눈물을 쏟았다. 그동안 몰라줘서 미안하다고 울며 사과하자 상대의 눈에도 눈물이 고였다. 우리는 손을 붙잡고 마음을 고백하며 함께 울었다.

우리 사이는 그 이후로 달라졌다. 종종 싸우기는 했지만 그때마다 서로의 가장 깊은 곳에 있는 마음을 이해하려고 노력했다. 상대를 아프게 하는 대신 소중히 하며 문제를 해결하는 방법을 배웠다. 관계는 더 깊고 성숙해졌다. 행복한 사랑을 하고 싶어서 그토록 싸우지 않는 방법을 찾아다녔는데, 정작 그 행복한 사랑을 하는 방법은 싸움 속에 있었던 것이다.

하지만 한 가지 의문이 남았다. 우리는 싸움에서 답을 찾아냈는데,

왜 부모님은 그러지 못했던 걸까? 내 과거의 아프기만 했던 사랑싸움에는 무엇이 부족했던 걸까?

그때부터 나는 '싸우지 않는 법' 대신 '잘 싸우는 방법'에 관심을 갖게 되었다. 위기상황에서의 커뮤니케이션 기법과 그동안의 경험을 바탕으로 좋은 싸움을 하는 기술을 연구하고, 내 삶에 적용했다.

내가 바라는 것은 예전의 나처럼 사랑싸움을 두려워하고 아파하기만 하는 사람들을 돕고, 싸움에서 행복을 찾는 방법을 알려주는 것이다. 그것이 내가 상담을 하고 있는 이유이고 그동안 쌓인 내용을 바탕으로 이 책을 낸 이유이기도 하다.

마음 같아서는 사랑하는 사람과 싸우는 일 없이 행복하게 지내는 것이 제일 좋을 것이다. 하지만 싸움을 피할 수 없다 해도 두려워하지 않았으면 한다. 좋은 싸움을 할 수 있는 기술, 상대방과 함께 싸움을 올바로 끌어갈 수 있다는 믿음이 있다면, 우리는 싸움을 통해 서로를 알게 되고 더 깊은 관계를 일구어갈 수 있다.

이제 두려움 없이 마음껏 사랑하자. 우리는 싸울수록 더 행복해지는 비밀을 간직한 사람들이 되었다. 사랑할 수 있다는 것은 인생에서 받는 가장 큰 선물이다.

최형규

두 사람은 오래도록 행복하게 살았답니다

옛날 옛적에 모두에게 귀여움을 받는 공주가 있었습니다. 어느 날 못된 마왕이 공주를 납치해갔습니다. 공주를 되찾고 싶으면 왕국을 내놓으라는 말도 안 되는 요구를 하면서 말이지요. 임금님은 이러지도 저러지도 못하고 상심에 빠져 앓아누웠습니다.

그때 공주의 소꿉친구였던 용사가 공주를 구해오겠노라고 선언했습니다. 모두의 기대를 안고 마왕성으로 출발한 용사는 힘겨운 싸움 끝에 마왕을 쓰러트렸습니다. 용사는 기쁜 마음으로 공주에게 달려 갔습니다.

공주는 떨리는 목소리로 말했습니다.

"왜 이제야 왔어요?"

"어휴, 말도 말아요. 사각사각한 성벽을 넘고 동글동글한 언덕을 지나서 뾰족뾰족한 산맥을 돌아 부글부글 늪을 건너오느라 내가 이 제까지 얼마나 고생을……. 어라? 공주, 왜 그러시오?"

원래라면 사랑의 키스와 함께 '오래도록 행복하게 살았답니다' 하고 끝나야 할 이 이야기는, 공주가 울며 토라지는 바람에 끝이 나지 않게 됩니다. 용사는 기분이 상해서 가버리고, 공주는 왕국 병사들의 호위를 받아 성으로 돌아가면서 속상해서 펑펑 울었습니다.

연애에 대해서는 할 말이 많았습니다. 학생을 가르치는 교육자의 관점에서, 오랫동안 연애고민을 상담해온 타로리더의 관점에서, 응용심리학 전공자의 관점에서, 그리고 소설을 쓰는 작가의 관점에서 연애와 사랑에 대해 많은 것을 보고 듣고 생각했습니다.

공부를 하면서 사람의 마음을 오해 없이 관찰하고 분석하는 방법을 배웠습니다. 다양한 연령대의 수많은 연인들을 상담하면서 좋은 사례는 마음속으로 깊이 간직하고, 나쁜 사례는 타산지석으로 삼았습니다. 그렇게 하나 둘 쌓인 결실에서 저는 많은 도움을 얻었고, 다른 이들과도 그 도움을 나누고픈 마음이 들었습니다. 다행히도 그동안 걸어온 길이 모두 힘이 되었습니다. 심리학이 바탕이 되어 주었고 많은 사례가 이야기를 엮어 주었으며 이를 글로써 전할 수 있었습니다.

저는 연애가 편지쓰기와 같다고 생각합니다. 편지는 양쪽이 주고받아야만 왕래가 끊어지지 않습니다. 수백 통의 편지를 보내더라도 받는 이가 답해주지 않으면 답장은 돌아오지 않습니다. 그래도 사람들은 계속해서 사랑이라는 편지를 날립니다. 문자로, 메일로, 말로, 행동으로, 표정과 작은 몸짓으로 마음을 전하며 두려움과 설렘으로 답장을 기다립니다.

그런데 가끔은 전해지지 못하는 편지가 있습니다. 주소를 잘못 적었을지도 모르고, 상대가 잘못된 주소를 알려주었을지도 모르지요. 편지가 닿지 않으면 답장도 오지 않습니다. 하지만 우리는 왜 답신이 오지 않는지 알 수 없습니다. 그저 서로 오지 않는 편지를 기다리며 오해와 불신을 쌓고 분노와 슬픔에 빠지게 될 뿐입니다.

그럴 때 사랑싸움은 잘못 쓴 주소를 확인하고 진짜 주소를 알아낼 수 있게 도와줍니다. 다만 제대로 된 주소를 찾으려면 제대로 싸우는 방법을 알아야 합니다. 공주와 용사처럼 싸우는 방법도 모른 채 닿지 않는 마음에 아파하는 연인들. 그들에게 서로 바른 주소를 알려주고 기억하는 법을 전하고 싶었습니다. 그래서 최형규 대표님과 함께 '책 쓰기'라는 긴 걸음에 나섰습니다.

당신이 쓴 사랑의 편지가 소중한 사람에게 온전히 전해지는 것, 당신에게 온 편지를 행복하게 받고 기쁘게 답장을 보낼 수 있게 되는 것, 이것이 우리가 원하는 것입니다. 맞는 주소만 찾아낸다면 마음은 꼭 전달됩니다. 배달이 조금 늦어질 수는 있어도 사랑의 택배원은 결코 편지를 잃어버리지 않으니까요.

그래서 공주와 용사는 어떻게 되었느냐고요? 성으로 돌아가 사랑 싸움을 기가 막히게 잘한 후, 오래도록 행복하게 살았답니다.

유리파

감사의 말

내내 든든한 조언자가 되어주신
정은경 교수님

꼼꼼히 내용을 검토하고 많은 도움 말씀을 주신
이유표, 유하나, 박상미, 신창식, 서주옥 님

귀중한 상담 사례를 제공해주시고 인터뷰에 응해주신
강영석, 고세영, 김광인, 김승범, 김유정, 김태현, 신동익,
오하라, 윤진아, 이신영, 이창훈, 정소희, 최마라 님

그리고 책이 만들어지기까지 격려하고 지지해주신 모든 분께 감사드립니다.

사랑싸움의 정석
: 연인과의 싸움이 두려운 당신에게

초판 1쇄 발행 | 2015년 10월 16일
초판 2쇄 발행 | 2021년 08월 01일

지은이 | 최형규 · 유리파
펴낸이 | 김경배
펴낸곳 | 시간여행
본문 디자인 | 디자인[연:우]
등　록 | 제313-210-125호 (2010년 4월 28일)
주　소 | 경기도 고양시 덕양구 지도로84, 5층 506호(토당동, 영빌딩)
전　화 | 070-4350-2269
이메일 | jisubala@hanmail.net

종　이 | 엔페이퍼
인　쇄 | 천광인쇄

ISBN 979-11-85346-19-9　(13190)